"DES VOLKES STIMME IST AUCH EINE STIMME"

ZUR SPRICHWÖRTLICHKEIT IN CARL ZUCKMAYERS DRAMEN

ILKA MARIA PRITCHARD

"Proverbium"
in cooperation with the
Graduate College

The University of Vermont
Burlington, Vermont
2001

Supplement Series

of

Proverbium
Yearbook of International Proverb Scholarship

Edited by Wolfgang Mieder

Volume 8

ISBN 0-9710223-0-5

©2001 by Ilka Maria Pritchard

Manufactured in the United States of America
by Queen City Printers, Inc.
Burlington, Vermont

Inhalt

Vorwort 3

Einleitung 5

Der Fröhliche Weinberg
"Wie man sich bettet, so liegt man" 15

Der Hauptmann von Köpenick
"Wie de aussiehst, so wirste anjesehn" 41

Des Teufels General
"Ohne mit der Wimper zu zucken" 75

Verzeichnis der Sprichwörter und Redensarten 113

Anmerkungen 159

Literaturverzeichnis 165

Vorwort

Mein Interesse an Carl Zuckmayer und seinen volkssprachlichen Dramen geht zurück auf meine Zeit als "Undergraduate" an der Universität Vermont (1994-1997). In meinem ersten Jahr hatte ich mich entschlossen, Germanistik und Volkskunde zu studieren. Als ich dann ein Semester in Aberdeen, Schottland studierte, hatte ich die willkommene Gelegenheit mit dem Volkskundler Professor Bill Nicolaisen zu arbeiten. Zurück in der Deutschabteilung an der Universität Vermont habe ich mit Unterstützung von Professor Wolfgang Mieder oft volkskundliche Elemente untersucht, bis ich schließlich meine erste Arbeit über Carl Zuckmayer und die Volkssprache in *Des Teufels General* geschrieben habe. Carl Zuckmayer war besonders interessant für mich, weil er in Vermont lebte als, er dieses Schauspiel verfaßt hat.

Als Magisterstudentin an der Universität Vermont (1998-2001) hatte ich mich entschieden, das Thema weiter zu bearbeiten, und konzentrierte mich auf drei seiner wichtigsten Dramen: *Der Fröhliche Weinberg*, *Der Hauptmann von Köpenick* und erneut *Des Teufels General*. Da sehr wenig über Carl Zuckmayer und seine Verwendung von Sprichwörtern und Redensarten in seinen Dramen geschrieben worden ist, mußte ich viel über Carl Zuckmayer lesen, um herauszufinden, warum er die Volkssprache so oft in seinen Werken verwendete. Je mehr ich über Zuckmayer erfuhr, desto mehr war ich von diesem Menschen beeindruckt. Mit der Unterstützung von Professor Mieder habe ich die Sprichwörter und Redensarten in den Dramen herausgearbeitet, und ich verbrachte weitere Stunden, Belege in verschiedenen Sprichwort- und Redensartenlexika zu finden. Jetzt, 378 Sprichwörter und sprichwörtliche Redensarten später, möchte ich einen Blick zurück auf die Menschen wenden, die mich inspiriert und mir geholfen haben, dieses Projekt zu verwirklichen.

Zuerst möchte ich mich bei der Deutschabteilung der Universität Vermont bedanken. Besonders Janet Sobieski, die mir auch mit der Druckvorbereitung geholfen hat, sowie die Professoren

Dennis Mahoney und David Scrase waren von Anfang an eine große Unterstützung für mich. Außerhalb der Deutschabteilung waren die Professoren Richard Sweterlitsch und Bill Nicolaisen besonders großzügig mit der Zeit, die sie mir schenkten. Diese Professoren haben mein Interesse an der Volksskunde erweckt und lebendig erhalten. Ich werde immer dankbar sein, daß ich das Glück hatte, mit solchen Menschen zu arbeiten und von ihnen zu lernen. Meine Freunde spielten eine große Rolle, denn ich brauchte viel Verständnis und Motivation von ihnen, diese Arbeit zu beenden. Besonders Dr. Wolfgang Sauter und Emily Burill halfen mir mit dem technologischen Aspekt der Manuskriptausarbeitung. Meine gute Freundin Maria Sartori, die zur gleichen Zeit ihre Magisterarbeit schrieb, gab mir viele Ideen und war immer eine positive Stimme. Mein Freund Noel Pelczarski war ebenfalls eine sehr große Hilfe und hat mich oft ermuntert, besonders wenn mir die Arbeit zu "groß" schien. Auch meine Familie Julika Wichmann, Dr. Arthur Pritchard, Jenny Pritchard und Kerstin Pritchard, die immer nach meiner Arbeit fragten, werden sich freuen, daß ich es nun geschafft habe!

Schließlich möchte ich mich herzlichst und zutiefst bei meinem lieben Professor Wolfgang Mieder bedanken, der zahlreiche Stunden mit mir gearbeitet hat. Seine positive Arbeits- und Lebenseinstellung gaben mir die Kraft, diese Studie zu bewältigen. Seit meinem ersten Tag an der Universität Vermont wußte ich, daß ich das große Los gezogen hatte, als ich mit ihm in Verbindung kam. Es hat viel Freude gemacht, mit Professor Mieder zu arbeiten, und ich freue mich, daß ich die Chance hatte, so viel von ihm zu lernen. Ohne diesen Lehrer und Mentor wäre mein Buch nicht möglich gewesen.

I.P.

April 2001
Burlington, Vermont

Einleitung

Carl Zuckmayer war ein besonderer Mensch, dessen Treue und Vorliebe für das Volk und die Natur ihn zum Volksdichter machten. Seine Leidenschaft dem Volk gegenüber und sein Wille, das Leben seiner Heimat darzustellen und verständlich zu machen, waren tief eingewurzelt. Schon als Junge war Zuckmayer ein Bewunderer der Natur, was durch die vielen Sommer- und Winterreisen in die Berge mit der Familie unterstützt wurde. Er hatte überhaupt als Kind eine sehr große Abenteuerlust und wanderte gern. Obwohl er in der Schule nur ein mäßiger Schüler war, hatte er eine sehr große Phantasie, die sich in seinen ersten Versuchen als Schriftsteller und Dichter gezeigt hat. Zuckmayer lernte sehr viel in der Schule; nicht nur was in den Büchern stand, sondern auch auf einer persönlicheren Ebene lernte er die Welt gut kennen. Hier hatte er zum ersten Mal Kontakt mit anderen Kindern aus verschiedenen Gesellschaftsschichten. Oft waren seine ersten Begegnungen mit Freunden jugendliche Prügeleien, entweder in der Schule oder außerhalb.

Der Erste Weltkrieg war für Carl Zuckmayer das Erlebnis, das ihn in seinen Jugendjahren am meisten geprägt hat. Im Alter von siebzehn, im Jahre 1913, mußte Zuckmayer nach seinem Notabitur in den Militärdienst treten und, wie viele junge Männer zu der Zeit, war er eine zeitlang ein einfacher Soldat. Auf seinem Weg von Soldat über Reserveoffizier zum Leutnant lernte Zuckmayer eine andere Welt kennen, die er bisher nur von Weitem gesehen hatte, eine Welt der "Härte und Rauheit."[1] Aber er begegnete Wichtigerem als nur dem Schlechten am Krieg. Er arbeitete mit vielen verschiedenen Menschen zusammen, die alle im selben Boot saßen: alle waren in einer fremden Umgebung, weit von zu Hause weg, und allein. Die Kameradschaft war für die jungen Soldaten lebenswichtig, denn sie mußten alle zusammenhalten und für ihr Land kämpfen. Im Krieg waren sie alle gleich, egal aus welcher Region oder

Gesellschaftsschicht sie stammten. Zuckmayer wußte diese Erfahrung zu schätzen und meinte selber: "...kaum einen deutschen Volksstamm, kaum eine Berufsschicht oder Menschensorte, die ich nicht kennenlernte – aus der intimsten Nähe, mit ihren Sonderheiten, Dialekten, Charaktereigenschaften..."[2] Der Krieg war darüber hinaus sehr wichtig, denn Zuckmayer hat sich während dieser Zeit zum Mann entwickelt. Als Junge hatte er schon idealistische Einsichten und schätzte die Natur und das "Natürliche," aber nach dem Krieg setzte er seine Ideen und Vorstellungen in Gang. Das, was der junge Autor vom Krieg entnahm, war vor allem ein engagiertes Interesse am Gesellschaftsbewußtsein. Er wollte sein Talent als Dichter, das sich im Krieg weiterentwickelt hatte, benutzen, um die Menschen aufzuklären und das deutsche Volk auf die Bühne bringen. Es war in den zwanziger Jahren in Berlin, wo sich Carl Zuckmayer zum großen Dramatiker entwickelt hat: "Hier erst kam er zu sich selbst, erlebte seine zweite Geburt. Nicht als Schriftsteller; aber als Dramatiker, der öffentliche Aufmerksamkeit erregen konnte und sie noch auf sich lenkte, als er den dramatischen Ort längst gewechselt hatte (verlassen mußte)."[3] Obwohl seine ersten Aufführungen alles andere als erfolgreich waren, erlebte Zuckmayer viele Erfolge mit seinen Volksdramen, vor allem mit Schauspielen wie *Der Schinderhannes, Der Fröhliche Weinberg, Katharina Knie* und *Der Hauptmann von Köpenick*.

Mit *Der Fröhliche Weinberg* hat sich Carl Zuckmayer im Jahre 1925 seinen Platz in der dramatischen und künstlerischen Welt gesichert. Der riesige Erfolg (ca. 500 Aufführungen in den ersten zwei Jahren) war eine große Überraschung für Zuckmayer, der sich zuerst nicht entscheiden konnte, ob er ein Lustspiel oder ein Trauerspiel schreiben sollte. Zuckmayer, der sehr an seiner Heimat gehangen hat, schrieb dieses regionale Lustspiel, das sich zu dem Zeitpunkt als angebracht erwies: es wurde zur Zeit des Friedens geschrieben, wo Menschen das Leben ein bißchen auf die leichte Schulter nehmen konnten und sich über sich und andere lustig machen konnten.

Einleitung 7

Der zweite große Erfolg, *Der Hauptmann von Köpenick*, der sich etwas kritischer mit den Problemen der Zeit auseinandersetzte, war ebenfalls durchaus sehr humorvoll. In beiden Dramen integrierte Zuckmayer nicht nur den Dialekt der jeweiligen Region Deutschlands, die vertreten wurde, sondern durch die Volkssprache hat Zuckmayer mit Feingefühl eine Welt dargestellt, die es wirklich gegeben hat, womit die Menschen seiner Zeit sich in den Dramen wiedererkennen konnten. Die beiden Schauspiele enthalten besonders viele Sprichwörter und Redensarten, die dem Inhalt einen tieferen Sinn verleihen. Trotz der vielen lustigen und ulkigen Figuren, die es in den Dramen gibt, geben ihnen die sprichwörtlichen Ausdrücke eine gewisse sprachliche und charakterliche Echtheit. Dieses sehen wir in einem weiteren Drama Zuckmayers, das zu den wichtigsten seiner Werke zählt, nämlich *Des Teufels General*.

In den dreißiger Jahren war Carl Zuckmayer ein sehr angesehener Mann, doch seine Ansichten dem Nazi-Regime gegenüber führten zu seinem Aufführungs- und Publikationsverbot in Deutschland, so daß der Dramatiker im Jahre 1933 mit seiner Frau und seinen zwei Töchtern nach Österreich auswandern mußte. Die Verbreitung der Nazis führte die Zuckmayers 1938 weiter in die Schweiz, dann 1939 in die Vereinigten Staaten. Die ersten Erfahrungen in Amerika waren für die Familie unangenehm. Sie wohnten zuerst in Hollywood, wo Carl Zuckmayer Drehbücher geschrieben hat, aber dieses Leben war nicht für sie. Kurz darauf zog die Familie nach New York City, wo Zuckmayer als Dozent für Erwin Piscators "dramatic workshop" an der New School of Social Research arbeitete.

Das Leben in der Großstadt gefiel der Familie jedoch auch nicht. Nach einem Besuch im Bundesstaat Vermont entschlossen sich Zuckmayers, ein anderes Leben zu führen – ein Leben auf einem Bauernhof, weit vom Krieg entfernt. Sie fanden ihre "Farm in den Grünen Bergen"[4] in Barnard, Vermont, und lebten zuerst als Bauern. Das neue Leben auf dem Lande half dem Autoren, mit den Ereignissen in seiner Heimat klar zu kommen. Er hatte viel Zeit und vor allem Ruhe alles zu verarbeiten, so daß es ihm 1942 allmählich möglich war, wieder ernsthaft mit der schriftstellerischen Arbeit anzufangen. Weit von der schrecklichen Situation in Deutschland entfernt, geborgen in den Grünen Bergen von Vermont, schrieb Zuckmayer eines seiner wichtigsten Dramen, *Des Teufels General*, das mit zu den ersten Stücken zählt, das Nazideutschland auf die Bühne gestellt hat. Das besondere an diesem Drama ist nicht nur der Inhalt, sondern auch die Art und Weise, wie Carl Zuckmayer sein Stück aufgebaut hat. Er hat die Sprache der dargestellten Gesellschaft perfekt auf der Bühne nachahmen können, besonders durch die Verwendung der Volkssprache wie in *Der Fröhliche Weinberg* und in *Der Hauptmann von Köpenick*.

Von all seinen Dramen sind *Der Fröhliche Weinberg, Der Hauptmann von Köpenick* und *Des Teufels General* die bedeutungsvollsten Schauspiele, die Zuckmayer geschrieben hat. Nicht umsonst werden sie oft zusammen die "deutsche Trilogie" genannt: "*Der Fröhliche Weinberg – Der Hauptmann von Köpenick – Des Teufels General* – Es ist erstaunlich, wie diesem Dramtiker dreimal hinter einander – 1925 –1931 – 1946 – ein Haupttreffer gelingt. Aber es wird auch an dieser Dreiheit erkennbar, wie dabei immer mehr sein Schaffen an aktuellem Zeitgehalt aufnimmt und sich wandelt vom Volksstück zum Zeitstück."[5] Obwohl diese Dramen inhaltlich nicht miteinander verbunden sind, kann man ihre Beziehung zu einander durch den Kontext ihres Entstehens sehen und der Entwicklung des dramatischen Stils Zuckmayers folgen.

Das erste Stück dieser Auflistung, *Der Fröhliche Weinberg,* wurde zu einer relativ friedlichen Zeit im Jahre 1925 geschrieben. Zu dieser Zeit ging es den Menschen besser, man hatte sich von den Folgen des Ersten Weltkrieges erholt. Es war die "goldene Zeit" Deutschlands mit einem kulturellen "Aufschwung, der bis heute legendäre Züge trägt: eine Zeit ungeheurer seelischer Spannungen und Schöpferkraft."[6] Daß Zuckmayer

Einleitung 9

dieses Lustspiel geschrieben hat, war also angebracht wenn nicht sogar nötig. Doch in diesem Drama erkennen wir schon die ersten Merkmale einer Gesellschaft, die noch kommen würde. Wenn man die lustigen und unpolitischen Elemente des Stückes erst einmal zur Seite stellt, hört man politische Aussagen, Vorurteile gegen Juden und temperamentvolle Sprüche der Kriegesveteranen heraus. Aus diesem Grund wirkt *Der Fröhliche Weinberg* wie der Anfang eines bestimmten Stils von Zuckmayer, wobei sich das Volksstück langsam zu einem Zeitstück entwickelt.

Der Hauptmann von Köpenick dient als Höhepunkt der Wendung vom Volksstück zum Zeitstück, wobei das Volkstümliche mehr Achtung gewinnt als man denken würde. Hier wird die militaristische Gesellschaft der wilheminischen Ära auf eine sehr humorvolle Art und Weise bloßgestellt, wobei die Sprache eine enorm große Rolle spielt. In diesem Stück gibt es eine Mischung von Dialekt und vielen volkstümlichen Sprüchen, die zu der Stimmung des Dramas beitragen. Was deutlich dargestellt wird, ist die krasse, fast perverse Bedeutung des Militärs im frühen zwanzigsten Jahrhundert in Deutschland. Durch die sprachlichen Elemente und Andeutungen auf die Entstehungszeit behandelt das Drama unter anderem auch die politischen Entwicklungen, die Ende der zwanziger, Anfang der dreißiger Jahre zu erkennen waren. Die Bedeutung der Uniform, was die Hauptaussage des Dramas ist, bezieht sich nicht nur auf die wilheminische Ära, die repräsentiert wird, sondern auch auf die gegenwärtige Situation Deutschlands.

Schließlich sehen wir das Endresultat der Wendung vom Volksstück zum Zeitstück mit Zuckmayers Drama *Des Teufels General*, das er im Jahre 1946 auf seiner Farm in den Grünen Bergen zu Ende geschrieben hat. Hier behandelt Zuckmayer wieder seine Gegenwart. Die Menschen, die in dem Stück dargestellt werden, verkörpern wirkliche Menschen oder Menschentypen, die mit dem Problem der Zeit fertig werden müssen. Zuckmayer versteckt die Situation nicht, sondern er zeigt

Nazideutschland und die grausamen Tatsachen klar und deutlich. Wieder greift er zurück auf den Dialekt und auf die Volkssprache, um die Menschen so deutlich wie möglich darzustellen. Dieses Drama ist erneut eine Fortsetzung der vorigen Stücke, wobei er "nicht nur sein Köpenick-Thema von der Uniform wieder auf [nimmt], sondern auch das Thema von den Kriegs-Veteranen, die damals eine neue Rolle gefunden haben. [...] Zuckmayer ist der einzige, der dieses deutsche Thema aus der ersten Jahrhunderthälfte zu Ende führt. Die Weltkriegskämpfer verrennen sich in ein mörderisches System, werden zu Teufelsgenerälen, denen nur der Selbstmord bleibt, wenn sie den Irrtum erkennen."[7] Was diese drei Dramen alle miteinander verbindet, sind die Treue und Leidenschaft, die Zuckmayer gegenüber der Volkssprache zeigt. Wenn man die Sprache, besonders die Sprichwörter und Redensarten, die Zuckmayer in die Dramen eingefügt hat, näher betrachtet, kann man viel über die Gefühle der Menschen spüren und die versteckten Aussagen des Dramatikers erkennen. Die Dramen laufen an Volksweisheiten und kritischen Aussagen, die sich als Sprichwörter oder Redensarten verkleiden, besonders in *Der Hauptmann von Köpenick* und in *Des Teufels General* über, wobei viele Weisheiten bereits in *Der Fröhliche Weinberg* zu finden sind. Diese Sprache wurde nicht nur wegen der Ästhetik verwendet, sondern um die Gedanken und Argumente wirklicher Menschen darzustellen:

Zuckmayer ist kein Weltbeschöniger, aber auch kein Weltverbesserer; er will weder beschönigen noch vertuschen; er ist auch kein Revolutionär und kein Theoretiker. Mit alledem wäre das Volksstück auch überfördert. Denn das Volksstück hat etwas von der Treffsicherheit, Bildhaftigkeit, aber auch von der okkasionellen Begrenztheit des Sprichworts. Auch im Sprichwort schlägt sich eine bestimmte Lebenserfahrung nieder, prägnant und drastisch auf eine Formel gebracht. [...] Von dieser begrenzten praktischen Lebensklugheit wie das Sprichwort lebt auch

Einleitung

das Volksstück; nach ihr richten sich und handeln seine Menschen. Nach ihr richtet sich auch Zuckmayer.[8]

Daß sich Zuckmayer in der Tat nach Sprichwörtern (und Redensarten!) richtet, habe ich in meiner Untersuchung der drei Dramen herausgefunden, und es gibt bestimmte Sprichwörter, die man als Leitmotive ansehen kann. Jedes Kapitel dieser Studie hat einen Titel, der aus einem Sprichwort besteht. Zum Beispiel ist das Sprichwort "Wie man sich bettet, so liegt man" der Titel des ersten Kapitels über *Der Fröhliche Weinberg*. Obwohl es viele Sprichwörter und Redensarten gibt, die ebenfalls als Leitmotive angesehen werden können, drückt dieses Sprichwort eine Weisheit aus, die wirklich auf jede Figur im Drama bezogen werden kann. Das, was das Lustspiel *Der Fröhliche Weinberg* besonders humorvoll macht, sind die komischen Situationen, worin sich die Personen durch ihr eigenes Handeln befinden. Dieses Sprichwort drückt dabei aus, daß jeder Mensch für sich und für sein Handeln Verantwortung tragen muß, und daß man die Folgen des Handelns und der Entscheidungen, die man trifft, ausbaden muß.

Die Hauptkritik in *Der Hauptmann von Köpenick* ist der groteske und übertriebene Uniformwahn der wilhelminischen aber auch der aufkommenden nationalsozialistischen Ära. In diesem Drama wird hervorgehoben, wie die Menschen andere nach ihrem Aussehen bewerten; das heißt, die Hauptfigur, die auf dem tiefsten Rang der Gesellschaft steht, kann einen Bürgermeister in Haft nehmen lassen, indem er eine gebrauchte Uniform trägt und Befehle gibt. Nur weil er wie ein Hauptmann aussieht, hat er Macht; ohne Uniform ist er nichts. Zwei Sprichwörter, die mehrmals in dem Drama benutzt werden, unterstützen diese Beobachtung, nämlich "Kleider machen Leute" und "Wie du aussiehst, wirst du angesehen." Das zweite Sprichwort ist der Titel des Kapitels, das das Lustspiel *Der Hauptmann von Köpenick* behandelt. Beide Sprichwörter drücken die Einstellung der Menschen der Zeit aus und deuten auf die Bewertung des Menschen nach dem Aussehen hin.

Des Teufels General setzt sich direkt mit den Grausamkeiten des Zweiten Weltkrieges auseinander. *Der Fröhliche Weinberg* deutet leicht auf soziale und politische Probleme hin. *Der Hauptmann von Köpenick* ist sehr kritisch und drückt diese Kritik an der Gesellschaft deutlich aus, aber auf eine humorvolle Art und Weise, so daß man während des Stückes und am Ende lachen muß. Bis auf einige amüsante Stellen ist *Des Teufels General* hingegen sehr ernst zu nehmen, denn nichts an der Situation Deutschlands während des Zweiten Weltkrieges ist auf die leichte Schulter zu nehmen. Das merkt man an der Redensart, die die Kritik dieses Dramas besonders hervorhebt, nämlich "Ohne mit der Wimper zu zucken." Diese Redensart wird mehrmals verwendet, und sie deutet auf die traurige Tatsache hin, daß viele Menschen oft nicht an die Folgen ihrer Entscheidungen gedacht haben. Diese Kritik ist an die Menschen gerichtet, die während des Naziregimes nicht direkt mitgewirkt haben, die aber dadurch, daß sie nicht gehandelt haben, auch nichts gegen den Nazismus unternommen haben. Es waren die "Mitläufer," die sich nicht in Gefahr setzen wollten und es nicht gewagt haben, anderen Menschen zu helfen, die von den Nazis verfolgt wurden.

Es gibt aber zahlreiche weitere Sprichwörter und sprichwörtliche Redensarten (insgesamt fast 400!) in den drei Dramen, die verwendet werden, um die volkssprachliche Echtheit der Situationen zu verdeutlichen. Sie geben den Figuren Charakter und sagen viel über die Gesellschaft aus; sie drücken eine Wahrheit aus, die durch Bildhaftigkeit geprägt wird. Wenn man die Volkssprache untersucht, entdeckt man eine Tiefe in Zuckmayers Dramen, die man ansonsten nicht so deutlich erkennen würde. "Auf den ersten Blick erscheinen seine Stücke sehr einfach und eingängig. Aber in Wahrheit sind sie das gar nicht; sie sind so wenig einfach wie die 'einfachen Leute,' mit denen wir es täglich zu tun haben und die uns überall begegnen auf der Straße, im

Einleitung 13

Beruf, auf der Reise und in der Nachbarschaft, im Dienst oder bei der Erholung."[9] In dieser Untersuchung wird die "deutsche Trilogie," das heißt *Der Fröhliche Weinberg*, *Der Hauptmann von Köpenick* und *Des Teufels General* in der Reihenfolge ihres Entstehens untersucht, indem der Gebrauch und die Funktion der Sprichwörter und sprichwörtlichen Redensarten im dramatischen Kontext herausgearbeitet werden. Es wird gezeigt, warum sie verwendet werden, wie sie auf einer tieferen Ebene Zuckmayers Gesellschaftskritik ausdrücken und eine volkstümlich ausgedrückte Wahrheit darstellen. Es wird vor allem deutlich, warum die Volkssprache ein so wichtiges Werkzeug für die sozialkritischen Aussagen des Dramatikers Carl Zuckmayer ist.

Der Fröhliche Weinberg
"Wie man sich bettet, so liegt man"

Als Zuckmayers erster Erfolg ist sein Drama *Der Fröhliche Weinberg* eine hervorragende Einleitung zu seiner "Karriere" als Volksdichter. Man erkennt in diesem Drama vor allem das, was ihm den Titel "Volksdichter" verschafft hat, nämlich seine Vorliebe für seine Heimat, für deren Bevölkerung und besonders für das Volkstümliche. Durch die Verbildlichung seiner Heimat im Rheinland und durch die Sprache, die er bis ins kleinste Detail nachahmt, hat er das Volkstheater des 19. Jahrhunderts revitalisiert. Mit der Auferstehung des Volkstheaters kam Carl Zuckmayers Vorliebe, die Menschen in ihrer Wirklichkeit genau darzustellen, zum Vorschein. Durch die Verwendung des rheinhessischen Dialekts und der Volkssprache, und hier vor allem durch seinen Gebrauch von Sprichwörtern und Redensarten, hat er seine Heimat vor die Augen und Ohren seiner Zuschauer gestellt. In einem Aufsatz, worin die Sprichwörtlichkeit Carl Zuckmayers behandelt wird, beschreibt Wolfgang Mieder, wie sich der Dramatiker an die Volkssprache bindet: "Schon sein frühestes Lustspiel *Der Fröhliche Weinberg* (1925) zeigt diese Vorliebe für die Volkssprache durch Verwendung des rheinhessischen Dialekts sowie Integration von vielen Sprichwörtern und Redensarten."[10] In diesem Kapitel werden die Sprichwörter und Redensarten, die Zuckmayer in *Der Fröhliche Weinberg* verwendet hat, untersucht, und der Gebrauch und die Funktion der Sprichwörter werden gezeigt. Zuerst soll jedoch etwas zum Hintergrund des Dramas gesagt werden, wonach die Handlung und deren Bedeutung mit Hilfe der Volkssprache analysiert werden.

Wenn man die Sprichwörter und Redensarten, die Zuckmayer im Drama den Figuren in den Mund gelegt hat, untersucht, wird einem seine Vorliebe für diese volkstümlichen Ausdrücke klar. Auch wird deutlich, wie diese Phraselogismen ein buntes aber realistisches Bild der rheinhessischen Gesellschaft der zwanziger Jahre malen und die Persönlichkeiten der Figuren herausbringen. Es handelt sich in diesem humorvollen Stück, das so viele volkstümliche Elemente enthält, um ein Drama, das etwa 500 Mal in seinen ersten zwei Jahren aufgeführt wurde. Allerdings wurde Zuckmayers volkstümlicher Stil wegen der Mißerfolge seiner ersten Dramen und seiner Wiederentdeckung des Volkstheaters bzw. des Volksstückes zuerst schwer in Frage gestellt. In seiner Bewertung des mißlungenen Stückes *Kreuzweg* (1920) meinte der Kritiker Alfred Kerr: "Bei Zuckmayer kommt alles allgemein menschlich vor. Alles Ethische, Psychische, Politische, Erotische, Soziale usw. usw. Alles zusammen ergibt keine Spur von einem Drama."[11] Die Ironie an Kerrs Aussage ist, daß es genau diese Eigenschaften und die Verwendung der Volkssprache sind, die Zuckmayer erfolgreich gemacht haben und ihn zum unsterblichen Volksdichter machten. Es war seine Absicht, das Volk so echt wie möglich darzustellen, und das tat er immer wieder in seinen Stücken, besonders am Anfang seiner Karriere mit *Der Fröhliche Weinberg*.

Der Entschluß, ein Lustspiel zu schreiben, hängt mit seiner aufgeschlossenen Persönlichkeit und seinem Interesse an Land und Leuten zusammen. In seinen Lebenserinnerungen erklärte er den Grund, weshalb er dieses Lustspiel geschrieben hat: "Ich hatte mich [...] zu dem Lustspiel entschlossen, obwohl ich mir davon geringere Erfolgschancen versprach. Ich schrieb es in meiner heimatlichen Mundart – das galt damals nicht als modern. Aber ich mußte einfach so schreiben, es gab keine andere Wahl. [...] Ich lachte bei jedem Satz."[12] Trotz der Heiterkeit dieses Lustspiels bleibt *Der Fröhliche Weinberg* nicht ohne Kritik an der Gesellschaft oder an politischen Aussagen. Was dieses Werk aber von den anderen zwei der Trilogie unterscheidet, ist die Tatsache, daß es kein bestimmtes Ereignis war, das Zuckmayer zum Schreiben anregte. Er hatte Lust ein humorvolles Stück zu schreiben, das sich um ein wirkliches, existierendes Volk handelt. Obwohl einige Figuren auf echten Menschen basiert

Der Fröhliche Weinberg

waren und zum Teil sogar die tatsächlichen Namen tragen, ist die Handlung des Dramas fiktiv. Als das Stück herauskam, gab es viele aus Zuckmayers Heimat, die es verabscheut haben, eben weil er Menschen aus der Region dargestellt hat, die es wirklich gab. Damit waren die Betroffenen absolut nicht einverstanden. Unter den Menschen, die dieses Stück boykottiert haben, war der wirkliche "Gunderloch," der die lustige Art und Weise, wie die Figur Gunderloch dargestellt wurde, gar nicht mochte. Andere, die sich von diesem Stück angegriffen fühlten, waren Studenten, die, wie Knuzius, Wert auf ihre Intelligenz und ihr Aussehen legten. Um sich gegenüber diesen Menschen zu verteidigen, schrieb Zuckmayer einen Brief, der für die Öffentlichkeit herausgegeben wurde. Darin erklärte er, daß das Stück nicht ernst zu nehmen sei, und daß er das Stück nicht zu seinen besten zählen würde:

> […] Ich [halte] mein Lustspiel für einen gelungenen Wurf, keinesfalls aber für eine große Sache, sondern für eine nicht zu überschätzende Ettappe innerhalb meines gesamten Arbeitens. […] Ich habe mein Stück geschrieben, um einfachen, unverbildeten, vorurteilslosen Menschen Freude zu machen – um das einfache, starke Lebensgefühl, die Lust an primitiven, natürlichen Empfindungen, auch an der Spielfreude im Sinne des Theaters, an der unbeschwerten, unsentimentalen, sachlichen Menschendarstellung zu wecken und zu beleben. […] Ich lege Wert auf das Publikum, das in dem Stück einen Schuß Lebensfreude verspürt und herzhaft lachen kann.[13]

Später in seiner Autobiographie *Als wär's ein Stück von mir* (1969) meinte er erneut gegenüber den ersten Gegnern des Dramas:

> In meinem Drang, der Natur nahezukommen, wozu vor allem, als poetische Substanz, die Echtheit des Sprach-

klangs gehörte, hatte ich unbefangen und unbedenklich Eigennamen benutzt [...] Ich selbst kannte keinen davon persönlich [...] Für mich waren solche Namen nichts als die heimatlichen Volkslieder, die ich in dem Stück verwendete [...] Ich mußte den Zorn und die Empörung meiner Heimat auf mich nehmen.[14]

Trotz der Meinung einiger Menschen ist dieses Drama tatsächlich ein lustiges Stück mit Andeutungen auf gesellschaftliche und soziopolitische Probleme. Das "Leichte" dieses Stückes ist ein großer Unterschied zu *Der Hauptmann von Köpenick* und *Des Teufels General*, aber auch in diesen Werken gibt es Elemente, die bereits in *Der Fröhliche Weinberg* angehaucht werden.

In diesem Stück sind alle Menschen der Gesellschaft vertreten; vom alten Weingutsbesitzer Gunderloch bis zum jungen biederen Studenten Knuzius. Dazwischen findet man hübsche junge Frauen, Geschäftsleute, einen Schiffer, Kriegsveteranen, Weinhändler, Beamte und weitere Typen. Das Drama soll ein wahres Bild von Zuckmayers Heimat darstellen, wo das Volktümliche im Vordergrund steht. In seinem Aufsatz "Volkstümliche Elemente im modernen deutschen Drama" beschreibt Joachim Hintze den "Volksbegriff" in Zuckmayers Werken bis 1930 wie folgt:

Generell wird "Volk" nicht bestimmt aufgrund gesellschaftlicher Bedingungen, sondern aufgrund unverwechselbarer und unveränderlicher Eigenheiten einer Nation, einer Rasse oder einer Landschaft. Damit erfaßt Zuckmayer "Volk" nicht als soziale, sondern als nationale bzw. regionale Kategorie. Dasselbe gilt entsprechend für ihn die Wesenzüge eines Volkes verkörpernd, den Charakter einer Landschaft repräsentierend.[15]

So gibt es bestimmte "Wesenszüge" der Figuren in diesem Stück, die sehr deutlich aus der rheinhessischen Region stam-

Der Fröhliche Weinberg 19

men. Carl Zuckmayer zeigt die Figuren in ihrer Art, Sprache und Tradition nicht als allgemeine Bürger Deutschlands, sondern Einwohner einer Region, die von ihrer eigenen Geschichte und von ihren eigenen Traditionen geprägt sind. Das Volk repräsentiert "den Charakter einer [bestimmten] Landschaft." Weiterhin meint Hintze, daß hinter den ersten Dramen Zuckmayers ein "konservativer Begriff von 'Volk' und 'volkstümlich' [steht], doch bekommt er dort kein politisches Gewicht, sondern geht lediglich in die traditionalistischen Elemente ein, die seine Volksstückskonzeption bestimmen."[16] Dabei nennt Hintze vier wesentliche Aspekte:

1. Der Regionalbezug der Themen und Stoffe, die abseits von allen politischen und gesellschaftlichen Problemen der Zeit aus seiner heimischen Umgebung gewählt sind.
2. Der Einfluß von Natur und Landschaft, der die Menschen seiner Stücke in ihren Lebensformen und in ihrem Lebensrhythmus trotz individueller Züge zu spezifischen Typen prägt.
3. Der unverfälscht auftretende rheinhessische Dialekt, der die Vertrautheit Zuckmayers mit dem regionalen Sprachraum verrät.
4. Die Aufnahme ländlicher Bräuche und die unverfälschte Wiederbelebung traditionell-volkstümlicher Motive und Liedformen.[17]

Punkte 2-4 sind alle richtig, denn der Einfluß der Natur wird sehr stark im Drama repräsentiert, der rheinhessische Dialekt deutet auf die Region hin und die ländlichen Bräuche und die traditionell-volkstümlichen Motive der Volkslieder sind klar zu erkennen. Doch, daß der "Regionalbezug der Themen und Stoffe abseits von allen politischen und gesellschaftlichen Problemen der Zeit gewählt [ist]" entspricht nicht der Wahrheit. Die Probleme werden zwar nicht deutlich geäußert, doch sind sie etwas versteckt aufzufinden. Vor allem durch die Sprache kann man die Andeutungen auf politische und gesellschaftliche Probleme erkennen. Hier muß man besonders auf die Bildhaftigkeit der Volkssprache und auf die prägnante Form von Sprichwörtern und Redensarten achten. Denn darin sehen wir die ersten Spuren sowohl von Zuckmayers Zeitstück als auch von der gesamten Trilogie.

In seiner Besprechung der Figuren in *Der Fröhliche Weinberg* entdeckt Erwin Rotermund die politischen und gesellschaftskritischen Elemente des Stückes. Er deutet besonders darauf hin, wie man die politischen, soziologischen und zeitgeschichtlichen Eigenschaften der Figuren aus ihrer Sprache erlesen kann:

Lediglich karikierte Personen wie Knuzius und der Studienassessor Bruchmüller sprechen einen vorgeprägten (nationalistischen) Jargon, der bewußt "unecht" wirken soll, jedoch die Grenzen effektvoller, d.h. auf die kritisierte Realität rückbeziehbarer Satire weit überschreitet[18][...]. Es darf jedoch nicht übersehen werden, daß im *Fröhlichen Weinberg* auch Phänomene von zeitgeschichtlicher Relevanz zur Sprache kommen: die Dolchstoßlegende, die Assimilationsproblematik der Juden, das Schicksal der Veteranen, die Auswüchse nationalistischen Pathos', die bürokratische Korruption.[19]

So handelt es sich in diesem frühen Stück eben doch nicht "nur" um ein belangloses Lustspiel ohne soziopolitische Bedeutung.

Wenn wir uns nun direkt zum Drama wenden, dreht sich *Der Fröhliche Weinberg* um einen alten Weingutsbesitzer namens Gunderloch, der eine Hälfte seines Besitzes verkaufen möchte und die andere Hälfte seiner Tochter Klärchen vererben will. Die Menschen, die sich für das Gut interessieren, wimmeln um das Gelände herum und schwärmen von der idyllischen Landschaft und der Idee eines alten Weinguts. Gleichzeitig versucht sich Knuzius, ein junger Student an das Erbe der Tochter Gunderlochs heranzuschleichen, indem er um die Hand Klärchens wirbt.

Der Fröhliche Weinberg 21

Die Situation gerät ins Chaos, wenn sich alle möglichen Menschen einmischen und auf verschiedenen Ebenen zusammenkommen. Das ganze Stück läuft auf ein "Ende gut, alles gut" hinaus, wo alles positiv für die "Guten" ausgeht, und jeder glücklich weiterleben kann. Dies ist eine ziemlich einfache Geschichte, aber sie wird auf eine humorvolle Art und Weise aufgeführt, wobei es die Sprache ist, die die Handlung würzt.

Als Hauptfigur steht Gunderloch im Vordergrund. Es ist also kein Wunder, daß er am meisten spricht und dadurch die meisten Sprichwörter und Redensarten benutzt. Gunderloch ist ein alter Mann, der sich am Anfang des Dramas alt fühlt und sich aus dem Leben zurückziehen möchte. Er will sein Land verkaufen und allein weiterleben, ohne Hilfe zu brauchen, und ohne die Last eines Weingutes weiterhin auf sich zu nehmen. Er erscheint fast trostlos, jedoch ist er nicht vollkommen pessimistisch, was man vor allem seiner Sprache entnehmen kann. Er will einfach nicht im Wege stehen. Als seine Haushälterin Annemarie ihn fragt, wieso er überhaupt das Land verkaufen will, und warum er es nicht doch lieber bleiben läßt, erwidert er: "Meine Sie, ich wollt als alter Krüppel dene junge Leut zur Last falle?" (257). Annemarie versucht ihm einzureden, daß er nicht so alt sei, wobei sie einen sprichwörtlichen Vergleich benutzt, um ihre Sicht zu verbildlichen: "Sie sind doch ein Mann wie ein Baum" (257). Dieser Vergleich mit dem Baum deutet auf Bodenständigkeit und Standhaftigkeit hin, gerade so wie die tiefen Wurzeln eines Baumes. Bäume sind stark und standfest und schaffen es, durch alle möglichen Zeiten und Wetter stehen zu bleiben.

Gunderloch ist ein anständiger Mensch, der nur das Beste will, das heißt, er will die beste Entscheidung für sich treffen, aber er will auch das Beste für seine Tochter. Knuzius gegenüber ist er hart und läßt nicht locker. Noch hat er kein vollkommenes Vertrauen zu ihm und macht dieses sehr deutlich. Er hat schon eine Ahnung, daß der junge Student ein Opportunist sein könnte, weshalb er darauf besteht, daß sich Knuzius beweise. Als Knuzius ihn am Anfang des Stückes als "Schwiegerpapa"

anspricht, benutzt Gunderloch gleich zwei sprichwörtliche
Ausdrücke, um ihn abzuweisen:

> Knuzius: Auf ein Wort, mein lieber Herr Gunderloch,
> wenn ich Sie nicht schon anders nennen darf... [...]
> Schwiegerpapa!
>
> Gunderloch: Halt emal die Luft! So schnell wird bei uns
> nit geschosse! (255)

Mit diesen zwei Redensarten will Gunderloch Knuzius zeigen,
daß er nicht so rasch handeln soll. Die zweite Redensart ist eine
Variation der Redensart "So schnell schießen die Preußen nicht."
Damit will Gunderloch sagen, daß er noch kein Vertrauen zu
Knuzius hat und sicher sein möchte, ehe er den jungen Studenten
als Schwiegersohn annimmt.

Später in ihrem Gespräch drückt Gunderloch deutlich aus, daß
von keiner Verlobung die Rede sein darf, solange Knuzius eine
gewisse Bedingung nicht erfüllt hat. Um die Tochter Gunderlochs heiraten zu können, muß Knuzius nämlich beweisen, daß
er Kinder zeugen kann, das heißt, Klärchen muß schwanger sein,
ehe er sie heiraten kann. Als Knuzius versucht, ihm zu schmeicheln und ihn davon zu überzeugen, daß er der "richtige" ist,
meint Gunderloch: "Wenn Sie zu mir komme un sage mir: Ihr
Klärche kriegt e Kind, un ich bin de Vater: Dann hawwe Sie
mein Sege un mein halbe Weinberg...Solang Sie herumschwänzle
wie en gepickte Welschhahn, der kei Eier lege kann, un sich
auch sonst nit nützlich mache als mit sein Fett im Topp, solang
will ich von Verlobung nix wisse!" (255). In diesem Ausschimpfen verwendet Gunderloch den sprichwörtlichen Vergleich
"herumschwänzeln wie en gepickte Welschhahn", um ein Bild
des aufmüpfigen jungen Mannes zu malen, der sich groß macht,
aber nichts leisten kann.

Im weiteren Gespräch versucht Knuzius, Gunderloch doch zu
überreden, aber dieser bleibt bei seiner Voraussetzung und

meint: "Nix da mit Schmuuß! Entweder – oder! Ein Wort genügt! Laufe Se ruhig herum un erzähle Se: Der alt Gunderloch is en Narr un hat en Sparre zuviel! Ich weiß, was ich will! Ich pfeif auf die öffentliche Meinung!... Wenn einer e Sau kauft, muß er wisse, daß se ferkelt. Dafür gibt es öffentliche Deckung von Gemeinde wegen. Wenn aber einer heirat, wo das beiderseitge Leib- un Seeleheil damit verbunde is, da soll er Blindekuh spiele, he?" (255). In dieser Rede benutzt er die Redensarten "einen Sparren zu viel haben," "auf etwas pfeifen," und "Blindekuh spielen," um seine Meinung volkssprachlich zu verdeutlichen. Die "Blindekuh" Bezeichnung verbildlicht das "nicht wissen" des alten Gunderloch sehr schön und deutet auf seine negative Auffassung von Knuzius' Opportunismus hin. Auffallened sind die direkten Andeutungen oder Vergleiche zwischen Mensch und Tier. Einmal wird Knuzius mit einem Hahn verglichen, dann zieht Gunderloch einen Vergleich zwischen sich und einer (blinden) Kuh. Solche Vergleiche und Andeutungen kommen sehr oft vor in diesem Stück, und sie tragen sehr viel zum Humor bei.

Trotz der Beschimpfungen des Weingutsbesitzers gibt Knuzius nicht auf. Er versucht ihn zunächst mit seiner Intelligenz zu überzeugen und meint: "Hol's der Teufel, ich hab studiert" (256). Mit der Redensart "Hol's der Teufel" will er seinen Ernst und seinen Ärger beweisen. Später meint er: "Verlassen Sie sich ganz auf mich! Manneswort und Mannestat! Ich bin im Bilde! Ich weiß Bescheid!" (256). Daß er es nun mehr oder weniger ernst meint, kann man von der Variation des Sprichwortes "Manneswort – ein eisern Hort" zu "Manneswort und Mannestat" entnehmen. Dieses Sprichwort deutet auf die Wahrhaftigkeit des Versprechens hin. Die Redensart "im Bilde sein" soll Gunderloch zeigen, daß er die Situation versteht, und daß er aufgeklärt ist und "Bescheid" weiß.

Dieses Sprichwort sowie das verwandte Sprichwort "Ein Mann ein Wort" werden im Drama auch von Gunderloch und vom Schiffer Jochen Most, dem Bruder von Annemarie, benutzt.

Die Integration dieser Sprichwörter weist auf die Bedeutung eines Versprechens hin. Eine Welt, wo das gesprochene Wort genügt, wäre ein Paradies. Gunderloch und Jochen sind Männer, deren Versprechen man vertrauen kann. Sie wollen niemandem etwas vormachen. Im Falle von Knuzius erkennt man die Perversion der Sprichwörtlichkeit, denn er meint nicht unbedingt, was er sagt. Er würde alles sagen und tun, um Gunderloch davon zu überzeugen, daß er der richtige Mann für Klärchen ist. So malt uns Zuckmayer ein Bild, wo auf der einen Seite die Tugend der Ehrlichkeit und des Vertrauens vor uns steht und deutet jedoch gleichzeitig auf die Korruption hin, die es in der Welt gibt.

In der Figur von Knuzius haben wir einen jungen, oberflächlichen Opportunisten, der seine Tugend vortäuschen will, um an Reichtum heranzukommen. Dafür wirbt er um die Hand einer jungen Frau, die er gar nicht liebt. Wie wir gesehen haben, ist er bereit, sein Glück aufs Spiel zu setzen, um reich zu werden. Er repräsentiert den jungen Studenten, der von der Politik der Zeit korrumpiert wird. Auf der anderen Seite ist Jochen ein ehrlicher, unkomplizierter, tüchtiger Schiffer, dem es schwer fallen würde, nicht ehrlich mit sich selbst zu sein. Er ist ein geradestehender Mensch, was man, wenn man zwischen den Zeilen bzw. zwischen den Redensarten und Sprichwörtern liest, sehen kann. Die Sprichwörter und Redensarten, die Jochen benutzt, stehen meistens in Verbindung zu Klärchen, in die er verliebt ist. Jochen ist sehr eifersüchtig, weil er von der Möglichkeit der Verlobung von Klärchen und Knuzius erfahren hat. Klärchen will ihm erklären, warum sie Knuzius nicht einfach zurückweist, aber Jochen läßt sie nicht zu Worte kommen und meint: "den mach ich kalt" (280). Hier drückt er seine Eifersucht gegen und seine Wut auf Knuzius aus, weil er denkt, daß es zwischen Klärchen und Knuzius ein gegenseitiges Interesse für einander gibt, was gar nicht stimmt. Die Redensart "jemanden kalt machen" bedeutet, daß man jemanden schwer verletzen oder sogar töten möchte. In dieser Aussage sehen wir, wie Jochen mit

Der Fröhliche Weinberg

Gefühlen geladen ist. Er hat sicherlich nicht vor Knuzius zu töten, aber durch seine Worte erkennen wir den Ernst seiner Lage und wie betroffen er von der Beziehung zwischen Knuzius und Klärchen ist.

Das Bild von Jochen ist von einem starken Mann, der seine Gefühle für sich behält, was in seinem Gespräch mit seiner Schwester zu sehen ist. Als Annemarie ihn fragt, was er macht, antwortet er, daß er nachdenke. Darauf sagt sie: "Das is ma doch nit von dir gewöhnt! Was denkst du denn?" (292). Sie stellt fest, daß Jochen in Klärchen verliebt ist, doch weiß sie sowieso schon, daß Klärchen auch in ihn verliebt ist. Sie weiß auch, daß Klärchen eine Schwangerschaft vortäuscht, damit Knuzius sie in Ruhe läßt. Es ist Annemarie, der Klärchen sich anvertraut, bis sie die Gelegenheit hat, Jochen alles selber zu erzählen. Dabei ist Jochen zutiefst bedrückt und eifersüchtig und möchte sich am liebsten wieder mit Knuzius prügeln. Er ist nun einmal ein einfacher und ziemlich primitiver Schiffer, der eigentlich nicht lange nachdenkt, weshalb seine Schwester so überrascht über sein Nachdenken ist. Jochen ist aber ein anständiger Mensch, dem man vertrauen kann.

Obwohl Jochen etwas übertrieben wirkt, als er von der Verlobung von Klärchen und Knuzius erfährt, sieht man, daß er zutiefst in Klärchen verliebt ist. Dieses wird vor allem im dritten Akt mit einer Anhäufung sprichwörtlicher Redewendungen gezeigt, als er alleine sitzt und über seine Auseinandersetzung mit Knuzius, wobei er Knuzius verletzt hat, nachdenkt:

> Jochen: Wenigstens hat der Knuzius auch sei Fett. Das Herz lacht mir im Leib, wenn ich bedenk, wie [Knuzius] sei Nas geblut! So en hochgestochenen Säubutz!! Schnappt mir mei Klärche vorm Schnawwel eweg!... Ma meint, so e Mädche hätt kei Auge im Kopp...Deckel Druff... Ma kann's nit ändern un kann sich nit aufhänge... Erfrorn is erfrorn, verhagelt is verhagelt.... Wenn ma's recht bedenkt, lebt ma nit anders wie e Mück, die überm

Wasser tanzt, oder e Weinbergschneck... Gefresse, gesoffe, getanzt und gestorbe. (291)

In diesem Teil benutzt er sprichwörtliche Redewendungen, um seine Frustration und seine Trostlosigkeit zu bewältigen. Er findet Trost darin, daß Knuzius "sein Fett bekommen hat," das heißt dieser hat auch seine Schwierigkeiten oder Strafe bekommen. Es ärgert ihn, daß Knuzius Klärchen "vor seiner Nase" weggeschnappt hat. Er ist zwar wütend auf Knuzius, weil er glaubt, daß er Klärchen für sich gewonnen hat, aber er ist gewiß auch gegenüber sich selber ärgerlich, weil er sie nicht für sich behalten konnte. Sicherlich schämt er sich und spürt den Schmerz seiner Unfähigkeit, Klärchen für sich zu gewinnen. Er versucht das zu verstehen, indem er sagt, daß man meinen könnte, Klärchen habe keine Augen im Kopf. Sie hätte doch sehen müssen, daß Jochen der bessere der beiden jungen Männer ist. Schließlich gibt er auf und versucht, einen Schlußstrich zu ziehen, indem er den sprichwörtlichen Deckel auf die ganze Sache tun will und alles vergessen möchte. Er erkennt, daß er nichts an seiner Situation ändern kann – das Leben ist einfach so, und er hat keine andere Wahl als weiter zu leben.

Jochens Schwester Annemarie ist ihm durchaus ähnlich. Ihre Rolle in der Geschichte ist sehr wichtig. Sie ist die "Allwissende" des Dramas. Sie weiß, daß Klärchen eigentlich in Jochen verliebt ist und sie rät ihr, die Schwangerschaft vorzutäuschen, damit sie nicht mehr von Knuzius belästigt wird. Dabei versucht sie, Jochen etwas zu beruhigen, damit er nicht irrational handelt und Klärchens Absicht durcheinanderbringt. Annemarie kümmert sich aber auch um Gunderloch, denn sie ist in ihn verliebt. Doch sie läßt sich nichts von ihrer Verliebtheit anmerken und versucht, ihm Rat zu geben und hinterfragt seine Entscheidung, das Weingut zu verkaufen. Obwohl man mehr volkstümliche Sprüche von dieser Figur erwarten könnte, benutzt sie nur einige sprichwörtliche Redensarten, die immer zu einem wichtigen Zeitpunkt angewandt werden. Als Klärchen Annemarie ihre Liebe zu Jochen an-

Der Fröhliche Weinberg

vertraut, reagiert sie energisch und versteckt ihren Rat nicht. Klärchen erzählt ihr, wie Knuzius sie nicht in Ruhe läßt, weshalb sie Jochen selten sehen kann. Klärchen erklärt ihr die Bedingung des Vaters an Knuzius, daß er seine Fruchtbarkeit vor der Heirat mit Klärchen beweisen muß, wozu Annemarie treffsicher meint: "Dem sticht auch der reiche Weinberg mehr in die Nas als dei Schönheit, Klärche" (262). Als Klärchen fragt, was sie machen soll, meint Annemarie: "Ganz einfach. Sag ihm was ins Ohr" (263). Mit "etwas ins Ohr sagen" meint sie, daß Klärchen Knuzius sagen soll, daß sie schwanger ist, damit er sie schön in Ruhe läßt. Sie versucht Klärchen davon zu überzeugen, daß diese Lüge keine Sünde ist, denn es würde niemandem weh tun:

Lieb Kind, glaub mir: es rächt sich nichts, was du mit Witz machst, un mit Spott oder Lust und Schwindel, wenn das Herz echt ist dabei und inwendig der Ernst und die wahre Lieb, da gibt's für's Auswendige keine Straf und kein Katechismus, nicht im Himmel und erst recht auf der Erd nicht [...], sondern nur bei Menschen, die zu krumm sind für's Krautschießen und zu eng für's Blätterwehn, und die nicht spüren, wie uns der Herbst mit Knall und Fall und Gejohl, und mit Obst und Nüß und Most und zerquetschten Trauben, und wie er zum Frühling braust!! (264)

Hier malt Annemarie ein aussagekräftiges Bild der Welt, in der sie lebt. Dabei benutzt sie die Redensart "mit Knall und Fall," um die explosive Reife der herbstlichen Weinernte zu verdeutlichen. Überhaupt sollen die Menschen die unwichtigen Sachen im Leben vergessen und das "Wichtige" im Auge behalten, nämlich die herrliche Zeit der Weinernte im Herbst. Darum soll sich Klärchen keine Sorgen machen. Solange Klärchen ihrem Herzen folgt, macht sie das Richtige. Schließlich drückt Annemarie ihren Haß gegenüber Knuzius klar und deutlich durch eine Redensart aus: "Dem gönn ich's mit Pech und Schwefel" (264). Das heißt, sie gönnt es ihm, angelogen zu werden und sonst alles Schlechte – Pech und Schwefel sind dreckige und dunkle Elemente, die das Schlechte, das sie Knuzius gönnt, verbildlichen.

Die Volksweisheiten Annemaries sieht man auch in ihrem Umgang mit Gunderloch. Sie ist so sehr in ihn verliebt, jedoch läßt sie es ihn nicht wissen. Stattdessen steht sie ihm zur Seite und wartet geduldig, bis sie am Ende zusammenkommen. Gunderloch ahnt aber nichts, weil er wie Jochen ein einfacher Mensch ist, der wenig direkt an sich denkt. Wie Jochen ist er ein solider Mensch, dem man aufs Wort vertrauen kann. Seine Sprache enthüllt seine starke und zum Teil negative Persönlichkeit. In seinen Gesprächen ist er immer sehr offen und ehrlich zu Annemarie, vor allem weil sie sich so lange kennen und Vertrauen zu einander haben. Wie schon erwähnt wurde, verbirgt er sein Verlangen nicht, das Land loszuwerden. Er meint zu Annemarie: "Es ist Zeit, daß ma mich zum rostigen Eise schmeißt" (257). Mit rostigem Eisen kann man nicht viel machen und somit wird es weggeworfen. So sieht er sich in seiner Lage als alter Mann. Er fühlt sich alt und nutzlos und will also nicht im Wege stehen. Sein Gefühl, daß er älter wird, wirkt nicht auf seinen persönlichen Charakter, das heißt, er ist nicht schwächer im Kopf, als er vorher war. Im Gegenteil, er behauptet gleich am Anfang, daß er auf die öffentliche Meinung pfeife, was man auf seine ganze Persönlichkeit übertragen kann. Ihm ist alles egal.

Es gibt eine wichtige Wendung im Drama, was durch eine Redensart hervorgehoben wird. An einem Abschiedsabend (II. Akt) merkt Gunderloch, wie "ernst" die Sache mit seinem Weingut ist, und daß er es bald los ist. Da meint er: "Da gehn mir eigentlich erst die Augen auf!" (278). Diese Redensart drückt deutlich aus, daß er zum ersten Mal sieht, was sich die ganze Zeit schon vor ihm auftat: "Vierzehn Tage bleibe mir noch, aber da heißt's jeden Tag Abschied nehme, von dem un von jenem, von Haus, Garten, Weinberg, Freunde, Wirtschaft, Ochs, Esel [...], na un von so mancherlei, was ma vorher kaum

Der Fröhliche Weinberg

angeguckt hat" (278). Dieser Textausschnitt ist eine Erweiterung der Redensart "die Augen gehen ihm auf." Von diesem Moment an merkt man, daß er wirklich anfängt, alles anders zu betrachten. Hier meint er aber nicht nur die allgemeinen Sachen wie Haus, Garten, Weinberg usw., sondern er deutet auch auf seine Gefühle gegenüber Annemarie hin. Er fängt sogar an, optimistisch und lebenslustiger zu sein. Auf diese Einsicht fügt ein junges Fräulein Stenz eine sehr wichtige Volksweisheit hinzu: "Ja, so ist es im Leben eben, daß man den Wert dessen, was man hat, häufig erst erkennt, sobald man es verliert" (278). Doch als Gunderloch das tiefe Gespräch zu viel wird, wirft er dazwischen: "Hört auf, Kinder hört auf... das sin alles echte Dichterworte, das geht ein durch und durch, wenn man so was nicht gewöhnt ist, ei hol's der Teufel, ich bin ganz gerührt" (278). Die Redensart "hol's der Teufel" läßt erkennen, daß er sich nicht völlig wohl fühlt, seine Gefühle so frei zu äußern. Am Ende des Dramas, wenn alle Paare zusammenkommen, darunter Gunderloch und Annemarie, und wenn Gunderloch sich dazu entschließt, das Weingut zu behalten, sieht man anhand der sprichwörtlichen Redensarten, wie sich seine Lebenseinstellung verändert hat. In seiner großen Aussprache sagt er unter anderem:

> Geuzt hätt ich mich selber! Aber es is noch emal gut abgange! Beinah hätt ich mir en böse Streich gespielt un meiner Tochter dazu! Bild sich keiner ein, er könnt die herrgottsgeschaffe Natur kommandiere! Bedingunge läßt sich nit stelle, un ausrechne kann ma's auch nit, aber eins muß ma könne: das Gras wachse höre, un wär's in der Weinherbstnacht! Das hab ich auf mei alt Tag nich gelernt, un bin jung drüber worde. (314)

Gunderloch erkennt, wie ernst seine Lage war und was hätte passieren können. Er hätte nicht nur sich durch seine Entscheidungen und dummen Bedingungen verletzen können, sondern er hätte das Leben seiner Tochter beinahe sehr schwer gemacht, das heißt, er hätte ihr und sein Glück durch seinen Plan fast verspielt. Jedoch erkennt Gunderloch nicht nur seinen Fehler, alles sehr eng zu sehen, sondern er übernimmt eine völlig neue, erfrischende Lebenseinstellung und wirkt dadurch auch jung und frisch, wie er selber erkennt. Für ihn ergibt das Leben wieder einen Sinn. Zuckmayer drückt hiermit seine eigene Lebenseinstellung aus: man soll der Natur gehorchen und nicht versuchen, die Natur oder das, was auf natürliche Art und Weise sowieso passieren wird, zu beherrschen. Man soll "das Gras wachsen hören" lernen, bzw. die Welt, in der man lebt, schätzen lernen. Es ist diese neue Einstellung, die ihm eine neue Kraft gibt und es ihm ermöglicht, auf seinem Land zu bleiben und Annemarie zu heiraten.

In der Tat wimmelt es in *Der Fröhliche Weinberg* an Volksweisheiten und an vielen verschiedenen Menschen mit unterschiedlichen Einsichten. Die, die schon besprochen wurden, sind die Hauptfiguren Gunderloch, Knuzius, Jochen, Klärchen und Annemarie. Dazu kommen noch andere Mitglieder der Gesellschaft, ohne deren "Würze" es kein klares Bild von Zuckmayers Welt geben würde oder könnte. Die drei Figuren im Drama, auf die ich mich hierfür konzentrieren möchte, sind der Weinhändler Vogelsberger, der Studienassessor Bruchmüller und der Standesbeamte Kurrle. Der Weinhändler ist eine Nebenfigur, die als Außenseiter eine andere Perspektive hineinbringt. Der Studienassessor ist ein Intellektueller, der sich durch seine Hochsprache und durch seine Intelligenz von den Hauptfiguren unterscheidet. Der Standesbeamte schließlich wirkt zum Teil wie ein Allwissender bzw. wie eine Stimme Gottes, der allgemeine Weisheiten von sich gibt.

Obwohl der Weinhändler Vogelsberger keine besonderen weltbewegenden Sprüche von sich gibt, ist es interessant zu sehen, daß er häufige Hinweise oder Andeutungen auf Männer hohen Ranges in Form von sprichwörtlichen Vergleichen macht. Vogelsberger lernen wir gleich am Anfang des Dramas kennen,

Der Fröhliche Weinberg

denn er interessiert sich für das Weingut. Als ein anderer Weinhändler (Rindsfuß) Interesse an dem Land zeigt, fragt Vogelsberger Kurrle, der für das Geschäftliche anwesend ist, mürrisch: "Hat die Domän schon e Aug drauf geworfe?" (253). Mit Domän meint er hier die Frau des Weinhändlers, und er möchte wissen, ob sie schon das Weingut gesehen hat. Darauf antwortet Kurrle:

Kurrle: Darüber wird amtlicherseits noch nichts verlautbart.

Vogelsberger: *zu Rindsfuß* [Kurrle] hat auch e Mundwerk wie en Regierungspräsident. *zu Kurrle* Herr Diplomat, ich dank Ihne für Ihr Aufklärung. (253)

Man merkt hier, daß Vogelsberger ein trotziger Mensch ist. Mit dem sprichwörtlichen Vergleich macht er sich über den Standesbeamten Kurrle lustig, da dieser sich wichtiger macht als es sich für einen Beamten gehört, denn schließlich ist er kein "Regierungspräsident." Überall kommt eine ironische Stimmung zum Ausdruck, unter anderem auch dadurch, wie er Kurrle mit "Herr Diplomat" anredet. Diese Ironie und der Trotz, die gegen Kurrle gerichtet sind, zeigen sich auch während des Abendessens, wo Vogelsberger zu Kurrle meint:

Vogelsberger: Geht der Herr Präsident per pedes oder werde die Pferd erst gesattelt?

Kurrle: Sie allerdings werde sich wohl Blase in die Füß laufe, wo Sie nix wie Autofahrn gewöhnt sind!

Vogelsberger: E Schlappmaul wie en Einquartierungschef! (254)

Etwas später im Drama fragt Vogelsberger, ob es einen zoologischen Garten in der Nähe gibt, worauf Kurrle antwortet: "Nein, aber die Affen kommen öfters von auswärts" (268), wobei sich "Affe" auf Vogelsberger bezieht, der nur ein Besucher der Stadt ist. Hier sehen wir wieder einen Vergleich zwischen Mensch und Tier. Erneut in seinem trotzigen Ton erwidert Vogelsberger mit Bezug auf Kurrle: "E Schnauz wie ein Etappegeneral" (268). Kurrle, der ein sehr vernünftiger Mensch ist, läßt sich nie besonders tief mit Vogelsberger ein. Er sagt bloß, was er zu sagen hat und läßt ansonsten weitere Auseinandersetzungen sein.

Auch der Studienassessor Bruchmüller ist eine starke Kontrastfigur zu den anderen Figuren der von Zuckmayer dargestellten Gesellschaft. Wegen seines gesellschaftlichen und geistigen Ranges ähnelt Bruchmüller dem Studenten Knuzius am meisten. Er ist sehr intelligent, redet auf Hochdeutsch, ganz ohne Dialekt. Obwohl er nicht viele Sprichwörter oder Redensarten verwendet, sind zwei von besonderer Bedeutung. Die Sprichwortvariation "Des Volkes Stimme ist auch eine Stimme!" (286) fällt besonders auf. Das originale Sprichwort "Des Volkes Stimme ist Gottes Stimme" drückt aus, daß die Stimme des Volkes eigentlich die Stimme Gottes ist. Die Variation enthält die offensichtliche Weisheit, daß jedes Mitglied des Volkes, ob gelehrt oder ungelehrt, etwas zu sagen hat. Dieses eine Sprichwort wird von allen sprichwörtlichen Redewendungen, die es im Drama gibt, unterstützt, denn aus ihnen kann man die Stimme des Volkes heraushören. Wichtig ist dabei, daß es ein Intellektueller ist, der diese Weisheit von sich gibt, denn oft sind es die Intellektuellen, die die Stimme des Volkes unterschätzen und dadurch unterdrücken.

Ein weiteres, sehr wichtiges Sprichwort, das auf alle Werke Zuckmayers und auf das Leben im allgemeinen übertragen werden kann, ist das Sprichwort "Was dem einen recht ist, ist dem andern billig." Bruchmüller braucht mehrere Anlaufsversuche, dieses Sprichwort zu äußern. Als er es endlich schafft, es

Der Fröhliche Weinberg

ganz auszudrücken, fällt es dem Zuschauer bzw. dem Leser besonders ins Auge, weil man doch neugierig ist, was er unbedingt ausdrücken möchte.

Bruchmüller: Des Volkes Stimme ist auch eine Stimme! Was dem einen recht ist, ist dem andren...

Gunderloch: Ruu-hee!! Wer noch ein Ton redt, den schmeiß ich handgreiflich hinaus!

Annemarie: Rege Se sich nit auf, Herr Gunderloch!

Chinajockel: Das Maul will er uns verbiete? So gut ware sein Wein nit gewese!

[...]

Bruchmüller: *versucht immer, piepsend und zungenstoßend durchzu- dringen* Was dem einen recht ist, ist dem...

Gunderloch: Wer mir hier mein Gesang verhunzt, das ist ein Hundsfott und bleibt ein Hundsfott und hat keine Kultur im Leibe!!

Ulaneschorsch: *ganz heiser* Zum Singe muß ma vor alle Dinge Stimm hawwe! Daran fehlt's euch!!

Rindfuss: Da kann man doch die puddelnackig Kränk kriege! Mir hätte kei Stimm! Raus mit dem Lümmel! Raus!!

Gunderloch: Wer sagt hier raus? Hier hat keiner raus zu sage, eh ich sag raus! Raus!!!

Vogelsberger: Ihr traurige Ziviliste! Ihr habt ja nix erlebt! Ihr könnt überhaupt nit mitredde!

Knuzius: Oho, oho!!! Zwölf Bestimmungsmensuren, zwo schwere Säbel!

Jochen: Das sin die lauteste Schreihäls, die ganz hinte gesesse hawwe un die Hose voll gehabt!

Knusius: Ehrenvolle Narben!!

Jochen: Ihne hat en Bäcker mit dem Brotmesser de Backebart rasiert!

Knusius: Sie ordinärer Schiffig!!

Jochen: Wart nur, ich komm dir!!

Gunderloch: Schwerhacker noch einei! Alles sitze bleibe!

Bruchmüller: Ich sage, was dem einen recht ist, ist auch dem andren...

Stopski: Nix erlebt habt ihr!! Mich hawwe die Hottentotte mit Giftpfeil beschosse! Die Kaffern hawwe mich noch mit Gnus un Kägeruhs gehetzt!

Stenz: Selbst Kaffer! Selbst Kaffer!

Stopski: Ein Zeh hawwe mir die Engländer abgeschosse! Mein große Zeh hab ich meinem Kaiser gegeben!

Rindsfuss: Der wird e Freud gehabt hawwe!

Der Fröhliche Weinberg

Stopski: Mein große Zeh!! Aber ich klopp mit vier Fußzehn noch besser Parademarsch wie ihr mit eure zwanzig!! Mit vier Fußzehn!!!

Vogelsberger: Ei was gehn uns denn dem sei dreckig Fußzehe an!

Stopski: Zweifle Sie? Ich zieh mein Stiffel aus!

Rindsfuss: E gefährlicher Mensch!

Bruchmüller: Der Mann hat fürs Vaterland geblutet! Ich sage: Was dem einen recht...

Ulaneschorsch: Schweige Sie!! Wer mein Kamerad beleidigt, der beleidigt mich!!

Knuzius: Ehrensache! Ehrensache!

Jochen: Sei du nur ruhig!!

Gunderloch: Hab ich euch dafür de Wein bezahlt?!

[...]

Bruchmüller: Gerechtigkeit! Abstimmung! Gerechtigkeit! Was dem einen recht ist, ist dem andren...

[...]

Gunderloch: Als eraus mit euch! Raus mit euch!

Bruchmüller: Unerhört! Was dem einen recht ist, ist dem andren billig! (286-290)

Dieses Sprichwort paßt gut zum Drama, weil es viele Vertreter verschiedener Gesellschaftsschichten gibt, die unterschiedliche Meinungen haben. Was ein Mensch schätzt, muß nicht unbedingt eine Beduetung für einen anderen Menschen haben. Das sehen wir hier durch und durch. Zum Beispiel legt Knuzius viel Wert auf sein Aussehen und auf seine Intelligenz, wogegen für Jochen seine Kraft für seinen Beruf als Seemann am wichtigsten ist. Schließlich ist da noch der Standesbeamte Kurrle. Diese Figur ist sehr wichtig, denn als Standesbeamter ist er sozusagen die Stimme Gottes in der Gesellschaft. Er ist derjenige, der Geburten, Eheschließungen und Todesfälle beurkundet, anders gesagt, wie Gott ist er bei den wichtigsten Momenten eines Menschenlebens anwesend. Wenn man seine Sprache näher untersucht, wirkt das, was er sagt, als vernünftige Weisheit, wonach man leben sollte, um im Leben glücklich und erfolgreich zu sein. Alle seine Sprichwörter (und er benutzt nur Sprichwörter bis auf eine sprichwörtliche Redensart) haben eine gewisse Lehrhaftigkeit. Kurrle benutzt das Sprichwort "Wie es in den Wald hereinschallt, so schallt's heraus" mit Bezug auf eine Streiterei zwischen Löbsche Bär (ein Weinreisender) und Bruchmüller, der von einem Fräulein (Babettchen) beim Tanzen abgewiesen wurde. Löbsche Bär macht sich über Bruchmüller lustig und Kurrle macht mit. Löbsche Bär findet es unpassend, daß sich ein Beamter mit einem anderen herumhetzt und meint: "Sie als Amtsperson sollte die Hetzerei sein lasse!" (272). Kurrles Antwort darauf ist das Sprichwort "Wie es in den Wald hereinschallt, so schallt's heraus," womit er sagen will, daß er sich zu der Situation äußert, wie sie tatsächlich ist. Damit gibt er sich die Erlaubnis, den anderen ihre Späße vor Augen zu bringen, was ihnen nicht recht ist. Gleich danach hängt er noch ein Sprichwort an: "Auf einen groben Klotz gehört ein grober Keil," wobei Löbsche Bär der Klotz und Kurrle der Keil ist, der ihn unter Kontrolle hält:

Der Fröhliche Weinberg

Bruchmüller: Mein schönes Fräulein, darf ich's wagen, Ihnen Hand und Fuß zum Tanze anzutragen?

Babettchen: Lasse Sie sich zuerst emal Ihrn Zungefehler operiern.

Löbsche Bär: Gratis abgestunke...

Bruchmüller: Sie sin überhaupt nit gefragt.

Löbsche Bär: Ihne hätt ich auch nix geantwort!

Bruchmüller: Gehen Sie doch nach Zion, Sie unverschämter Mensch!

Kurrle: Wacker, wacker.

Löbsche Bär: Sie als Amtsperson sollte die Hetzerei sein lasse!

Kurrle: Wie's in den Wald hereinschallt, so schallt's heraus. Auf einen groben Klotz gehört ein grober Keil. (272)

Im weiteren Gespräch zwischen Kurrle und den anderen Männern glaubt Bruchmüller, daß Hahnesand ihn beschwindelt. Als er sich von ihm betrogen fühlt, meint er: "Die Hebräer saugen mich aus!" (274). Dies ist eine Andeutung auf das alte Stereotyp der unehrlichen Juden, worauf Kurrle antwortet: "Wer sich mit der Flöte einläßt muß blase." Mit diesem Sprichwort will er sagen, daß Bruchmüller es hätte besser wissen sollen (laut Stereotyp des Juden) als sich auf einen Handel mit Hahnesand einzulassen und nun mit den Folgen seines Handelns rechnen müsse. Wieder ist dieses Sprichwort eine allgemeine Weisheit, die Zuckmayer in sein Stück einfügt, um den richtigen Effekt zu bewirken und die Situation bildlich darzustellen.

Das letzte Sprichwort, das für das Drama als Ganzes eine wichtige Bedeutung trägt, ist die sprichwörtliche Weisheit "Wie man sich bettet, so liegt man," die auch als Titel dieses Kapitels fungiert. Dieses Sprichwort benutzt Kurrle als Hahnesand mit einer Frau im Stroh erwischt wird. Als er zur Frage gestellt wird, meint Hahnesand zu Kurrle:

> Hahnesand: Wir wille über de Vorgang schweige, ich zeig mich erkenntlich. [...] Das kann eim doch emal passiere! Da geht ma doch stillschweigend drüwwer weg! Die Leut hierzuland hawwe gar kei Schamhaftigkeit!
>
> Kurrle: Wie man sich bettet, so liegt man. (308)

Kurrle meint, daß er diskret sein wird, aber trotzdem will er Hahnesand klar machen, daß er selbst Schuld hat und Verantwortung tragen muß. Wie er Bruchmüller auch gezeigt hat, muß man die Folgen seines Handels hinnehmen, auch wenn diese unangenehm sind. Diese Weisheit kann man auf alle Figuren übertragen. Knuzius muß damit rechnen, daß sein Betrug, Klärchen nur wegen des Weingutes heiraten zu wollen, schlimme Folgen haben könnte. Letztendlich werden die "Guten" glücklich, aber erst nachdem sie etwas lernen mußten. Gunderloch hatte sich zum Beispiel mit seinem Alter zurechtgefunden, ohne daß er ein wenig versucht hat, wieder Freude am Leben zu finden. Er hatte schon sein "Bett" gemacht, aber mit Hilfe von Annemarie, hat er es sozusagen neu bezogen, so daß er für den Rest seines Lebens gut schlafen kann. Klärchen, die es durch eigene Initiative gewagt hat, glücklich zu werden, kann ihr Bett mit Jochen, ihrem wahren Geliebten, teilen.

So tragen die Sprichwörter und sprichwörtlichen Redensarten in *Der Fröhliche Weinberg* viel dazu bei, ein vollkommenes Bild der rheinhessischen Gesellschaft während der zwanziger Jahre zu vermitteln. Zuckmayer benutzt die sprichwörtliche Volkssprache zusammen mit dem Dialekt, um ein wahres Bild seiner Heimat zu erwecken. Gerade diese Verbildlichung seiner Heimat ist es, was dieses Stück zum Lustspiel macht. Mit diesem ersten großen Erfolg hat Zuckmayer seinen Platz in der literarischen und in der dramatischen Welt gefunden, und er wurde als ein wahrer Künstler angesehen und respektiert. Wie wir in den nächsten Kapiteln sehen werden, hat Zuckmayer sein Talent als Dramatiker und seinen Ruhm dazu benutzt, um sich immer zeitkritischer zu engagieren. Sein humorvolles Volksstück mit einigen versteckten politischen und gesellschaftskritischen Aussagen ist der Anfang wichtiger Werke, die bestimmte Elemente der deutschen Gesellschaft kritisieren und dennoch eine allgemeingültige Bedeutung haben, so daß man heute noch laut lachen oder auch weinen kann. *Der Fröhliche Weinberg* wird noch viele Leser belustigen. Zuckmayers Äußerung über das Schreiben dieses Stückes, "Ich lachte bei jedem Satz,"[20] ist ein Testament seiner eigentlichen Absicht, doch will Carl Zuckmayer auch, daß seine Leser über die sprichwörtliche Weisheit seines Lustspiels nachdenken.

Der Hauptmann von Köpenick
"Wie de aussiehst, so wirste anjesehn"

In Carl Zuckmayers Schauspiel *Der Hauptmann von Köpenick* (1931) steht der Schuster Wilhelm Voigt im Vordergrund, der versucht, in einer Welt der Ordnung und Unpersönlichkeit seinen Platz zu finden. Dieses Drama ist Zuckmayers Bearbeitung der "Köpenickiade" bzw. der wahren Geschichte eines einfachen Schusters, der sich am 16. Oktober 1906 in einem Berliner Stadtteil als Hauptmann verkleidete und ohne jegliche Opposition die Stadtregierung lahmlegte und den Bürgermeister in Haft nahm. Zuckmayer setzt sich sowohl zeitkritisch als auch satirisch mit dieser Geschichte auseinander, wobei er wieder auf seinen volkstümlichen Stil der Darstellung zurückgreift und somit der Geschichte eine überzeitliche Bedeutung gibt.

Das Drama wird immer wieder von Literaturwissenschaftlern interpretiert, wobei dieselben Themen behandelt werden, wie zum Beispiel die märchenhaften Elemente, die politischen Implikationen des Stückes und die Bedeutung der Uniform. Viele Wissenschaftler, wie etwa Jürgen Hein, deuten auch auf die Bedeutung der Sprache und die Wirkung des Dialekts hin: "Der Dialekt wird zur Metapher für Potsdam, Berlin und Preußentum; gleichzeitig erlaubt [Zuckmayer] rang- und standesmäßige Differenzierungen, indem seine stilistischen Möglichkeiten und der Kontrast zur Hochsprache und zur Sprache des Militärs ausgeschöpft werden."[21] Wo *Der Fröhliche Weinberg* Merkmale des poetischen Realismus trägt, ist *Der Hauptmann von Köpenick* eher vom Naturalismus geprägt. Die naturalistischen Elemente des Stückes, wie etwa die Milieudarstellung, wurden bewußt von Zuckmayer, der ein Student und ein Bewunderer Gerhart Hauptmanns war, eingebaut. Dennoch gilt dieses Stück als Volksstück, das Zuckmayer wieder herzustellen versuchte. "Dem Ruf nach Wirklichkeit, dem fast propagandistischen Streben des Theaters nach einem gesellschaftspolitischen Sinn suchte Zuckmayer zu folgen – nur wollte er das Zeitstück mit dem traditionellen Volksstück verbinden."[22] Seltsamerweise werden aber die volkstümliche Sprache bzw. die Sprichwörter und Redensarten, die Zuckmayer in den Text einfügt, kaum von Wissenschaftlern beachtet, außer in Wolfgang Mieders Aufsatz "Carl Zuckmayer und die Volkssprache: Zu seinem 80. Geburtstag", wo er die Volkssprache von verschiedenen Dramen Zuckmayers, unter anderem *Der Hauptmann von Köpenick*, untersucht. In seiner Einleitung bemerkt er Folgendes: "Durch alle Werke Zuckmayers zieht sich eine realistische Sprachführung, die besonders seine Schauspiele zu sprachlichen Meisterwerken macht. Für die Volkssprache dürften seine Werke unerschöpfliche Quellen bieten."[23]

In seiner Besprechung dieses Dramas äußert sich Jürgen Hein über die Sprache und erkennt, wie Zuckmayer immer wieder auf die Sprache und sogar Redensarten zurückgreift, um die Figuren zu charakterisieren und sie voneinander zu unterscheiden. Dabei untersucht er aber die Sprichwörter und Redensarten nicht, die der Dramatiker in sein Werk hineinwebt. Er erklärt zum Beispiel, wie die Sprache der Figur "Schlettow" sein militärisches Engagement verdeutlicht: "[Schlettow] bevorzugt die Befehlsform, seine Sätze sind abgehackt, die Ausdrucksweise ist betont salopp, nicht selten äußert er nichtssagende Redensarten."[24] Daß Hein die Redensarten als "nichtssagend" beschreibt, bestreite ich energisch und werde zeigen, daß die Sprichwörter und Redensarten alles andere als bedeutungslos sind.

Es ist wichtig zu erwähnen, daß, ehe Zuckmayer die Geschichte des unechten Hauptmanns hörte, er dabei war, die *Eulenspiegel* Figur zu bearbeiten. Jedoch kam er mit diesem Thema nicht voran. Als er die Geschichte von Wilhelm Voigt hörte, meinte er seinen Eulenspiegel gefunden zu haben. Ähnlich wie Zuckmayer einen bloßen Zeitungsartikel über den Tod eines Freundes als Basis für sein berühmtes Drama *Des Teufels General* herangezogen hat, nahm er die wenigen Informationen über Wilhelm Voigt aus verschiedenen Zeitungen und webte

Der Hauptmann von Köpenick 43

seine eigene Phantasie in ein zeitkritisches, satirisches Volksstück. In einem Artikel von 1906 wurde die Situation wie folgt beschrieben: "Ein als Hauptmann verkleideter Mensch führte gestern eine von dem Schießplatz Tegel kommende Abteilung Soldaten nach dem Köpenicker Rathaus, ließ den Bürgermeister verhaften, beraubte die Gemeindekasse und fuhr in einer Droschke davon."[25] Diese wenigen Details, zusammen mit den Operetten und Possen, die es über den Schuster schon gab, reichten völlig aus, um ein brilliantes Werk voller volkstümlicher Elemente zu kreieren. Um die Rolle der Volkssprache und ihre Implikationen verstehen zu können, muß zuerst der Inhalt des Dramas zusammen mit den Figuren in Betracht gezogen werden.

Zuckmayer behandelt das Thema mehr oder weniger "frei", das heißt, die Zeit, zu der die Geschichte spielt, ist historisch akkurat, aber er fügt viele phantastische und fiktive Elemente hinzu. Am Anfang des Dramas, wo die Hauptgestalten angegeben werden, schreibt er: "Der erste Akt spielt etwa um die Jahrhundertwende, der zweite und dritte zehn Jahre später. Die tatsächlichen Begebenheiten bilden nur den Anlaß zu diesem Stück. Stoff und Gestalten sind völlig frei behandelt" (8). Die einzig wirklich-keitsentsprechende Figur ist Wilhelm Voigt. Alle anderen Figuren stellen die deutsche Gesellschaft dar, die in der wilhelminischen Ära lebten. Es wurde kritisiert, daß sich Zuckmayer nicht ganz an die Geschichte gehalten hat, aber er wollte keine Kulturgeschichte mit Fakten schreiben. Auf der Oberfläche behandelt er die Zeit vor dem Ersten Weltkrieg, aber er ist auch von seiner Zeit (den späten zwanziger Jahren) beeinflußt, was wieder durch eine Untersuchung der Sprache gesehen werden kann. Im Kaiserreich herrschte das Militär, und jeder Mensch war untertänig. In dieser Gesellschaft zählte der einzelne nicht, sondern er wird als Teil einer Masse angesehen. Alles, was der Mensch machte, war für den Staat. Hier herrscht eine Hierarchie, wo das Militär den obersten Rang einnimmt. Danach kommen die Ausführer der militärischen Regeln und Einstellungen und zuletzt die Zivilisten oder die normalen

Bürger, die dem Staat gegenüber wenig Macht oder Rechte haben. Die meisten Bürger waren sich ihrer Rolle und den Pflichten, dem Staat zu dienen, bewußt. Das Militär bzw. die Armee waren der Stolz Deutschlands, wonach die Bürger oder Zivilisten strebten. "Aus diesem Grunde wurde auch die allgemeine Wehrpflicht nicht als Last, sondern als Auszeichnung und soziale Chance empfunden. Um Waffen und Uniformen lag ein romantischer, idealisierter Glanz."[26]
Diese Gesellschaft wird auf verschiedene Art und Weise von Zuckmayer behandelt. Auf der einen Seite kann man die Geschichte als Märchen sehen, wo man die satirische und gesellschaftskritische Wirkungskraft bestreitet und in dem Stück mehr eine "Illuminierung des preußischen Idylls" oder ein "behagliches Anekdotengeplänkel" sieht. Auf der anderen Seite ist das Drama ein Zeitbild bzw. ein Zeitstück, wo sich Zuckmayer kritisch mit einem historischen Fall und seiner politischen Bedeutung am Ende der Weimarer Republik auseinandersetzt.[27] Somit nimmt das Drama Merkmale ver-schiedener Gattungen an, unter anderem auch: Militärschwank, leichte soziale Anklage, Zeit-, Charakter- oder Situationskomödie, dramatische Satire, Tragikomödie, Kriminalkomödie und Lustspiel. Es kommt darauf an, wie das Drama interpretiert wird und vor allem von wem.

Wie schon erwähnt wurde, ist die Hauptfigur ein Schuster, der viele Jahre seines Lebens im Gefängnis gesessen hat, obwohl er nur einmal etwas verbrochen hat. Nun ist der ehemalige Häftling "frei" und kehrt in seine "Heimat zurück", wo er versucht, einen ehrlichen Job zu finden. Die Inflexibilität der Gesellschaft und die strengen Regeln und rigorose Ordnung verhindern es, vorwärts zu kommen, und er landet wieder im Gefängnis. Er ist gehorsam und friedlich, nur auf seinen Grundrechten als Mensch bestehend. Durch seine Verzweiflung wird er dazu getrieben, die Schwächen der Stadtregierung und des Bürgermeisters auszunutzen, die der Uniform ohne Fragen folgen. In Uniform verkleidet gelingt es dem "Hauptmann", dem Staat einen bloßstellenden Streich zu spielen.

Der Hauptmann von Köpenick

Die Kritik, die am offensichtlichsten ist, und was Zuckmayer bis zum Ende klar macht, sind der "Kadavergehorsam" bzw. das blinde Folgen und Vertrauen der Bürger an den Staat. Wir sehen, wie das Militär die Gesellschaft beeinflußt, vor allem an der Sprache. Der Staat wird von Menschen beherrscht, die darauf bestehen, daß es die Pflicht der Bürger ist, dem Staat zu dienen, wobei man auf seine Rechte als Mensch verzichten soll. Es gelten nur abstrakte Konzepte, die nicht in ihrem Kontext gesehen werden. Die Diener des Staates reagieren nüchtern auf die individuellen Bedürfnisse der Bürger und streichen jegliche menschliche Gefühle aus dem System. Was übrig bleibt ist ein unpersönliches, trotziges Verhalten gegenüber dem Einzelnen und die Verherrlichung der Militärmaschine. Nirgends wird dieses deutlicher ausgedrückt als in der Sprache. Sprichwörter und Redensarten wie "Ordnung muß sein", "Schulter an Schulter stehen", "an der Reihe sein" und die Variation einiger Sprichwörter wie "Dienst ist Dienst", das als "Befehl ist Befehl" und "Vorschrift ist Vorschrift" variiert wird, zeigen, wie der Militärjargon in der Sprache eingeprägt ist. Es sind nämlich nicht nur die Regierenden, die diese Sprache benutzen, sondern auch normale Menschen, die nicht "gedient" haben.

Im Mittelpunkt stehen der Schuster Voigt und die Hauptmannsuniform, die zuerst für den Hauptmann von Schlettow zugeschneidert wurde, doch ungetragen wieder abgegeben wurde, weil er seinen Dienst quittieren mußte. Die Uniform ist das Symbol der Militärgesellschaft, die nur Wert auf Ordnung und Aussehen legt und, wie schon gesagt, nicht auf den einzelnen Menschen. Die Gestalten, die neben Voigt und der Uniform im Vordergrund stehen, sind der Uniformschneider Wormser, der Zuschneider Wabschke, der Hauptmann von Schlettow, der Bürgermeister Obermüller und Hoprecht, der Schwager Wilhelm Voigts. Außer diesen Menschen treten an die hundert Figuren auf, die den Rest der Gesellschaft darstellen. Alle benutzen sprichwörtliche Redensarten in ihrer Kommunikation. Hier wird hautptsächlich untersucht, wie die Sprache der Hauptgestalten ein

Bild der Gesellschaft darstellt, und wie die Entwicklung Voigts von einem verzweifelten Mann zu einer kühnen Hauptmannsfigur durch die von ihm verwendeten sprichwörtlichen Redewendungen deutlich gemacht wird. Die Rollen der Gestalten in dem Drama können durch eine Analyse der Sprichwörter und Redensarten, die sie benutzen, untersucht werden. Die schon erwähnten Hauptgestalten (Wormser, Schlettow, Obermüller, Wabschke und Hoprecht) sind dabei am bedeutungsvollsten und werden hier näher interpretiert. Von den Hauptgestalten haben die ersten vier alle Kontakt zu einander; nur Hoprecht hat keine Beziehung zu den anderen, doch ist auch er dem Staat untertänig und davon begeistert.

Als Uniformschneider ist Wormser einer der wichtigsten Menschen in der Gesellschaft, einer Gesellschaft, die von der Uniform regelrecht besessen ist, denn die Uniform bedeutet Militär, was zu der Zeit dasselbe wie Macht bedeutete. Wormser macht es dem Menschen möglich, wichtig und vor allem mächtig *auszusehen*. Wormser ist ein Opportunist, der seine Kunden ausnutzt und sie zu manipulieren weiß. Er ist sich dessen bewußt, daß er wegen seines Talents von den wichtigen Menschen in der Gesellschaft hoch geschätzt wird, obwohl er nie im Militär gedient hat. In seinem Umgang mit seinen Kunden paßt sich Wormser sprachlich an, um ihnen zu schmeicheln, so daß sie weiter bei ihm einkaufen. Wabschke ist sein Zuschneider, auf den Wormser herunterschaut und das, was Wabschke zu sagen hat, selten anerkennt. Das Interessante an Wabschke ist, daß er von der Ordnung der Gesellschaft und dem Wahn des Militärglanzes nicht überzeugt ist und "frei nach seinem Munde" redet. Wie wir sehen werden, schafft er es oft, kleine "unverschämte" Sprüche zu äußern.

Der Hauptmann von Schlettow und der Obermüller sind beide sehr gute Kunden Wormsers, wobei sie sich nicht kennen. Bei beiden handelt es sich um sehr ernsthafte Menschen, die dem Staat sehr treu sind. Schlettow ist Hauptmann, für den nichts wichtiger ist als das Militär. Er ist der erste, der in diesem

Der Hauptmann von Köpenick

Drama spricht, und zwar lernen wir ihn zum ersten Mal im Uniformladen bei Wormser kennen. Er ist dabei, sich seine Uniform abzuholen, die Wabschke für ihn zugeschneidert hat. Der Hauptmann von Schlettow ist sehr ernst und paßt auf jede Kleinigkeit auf, wobei Wormser versucht, seinen Kunden durch die Sprache zu manipulieren. Schlettow ist dabei, seine Uniform anzuprobieren und meint, daß etwas nicht in Ordnung mit der Position der Sitzknöpfe sei. Wabschke versucht, ihn vom Gegenteil zu überzeugen und sagt, die Uniform: "sitzt wie die eigene Haut" (12). Diese Redensart "wie die eigene Haut sitzten" soll ausdrücken, daß etwas so perfekt und natürlich sitzt, wie die Haut. Da der Hauptmann nicht überzeugt ist, besteht er darauf, daß nachgemessen werden muß, denn laut Vorschrift müssen die Sitzknöpfe in einem ganz bestimmten Abstand angenäht werden. Wabschke meint, daß alles gut aussieht, und daß das die Hauptsache sei. Darauf erwidert Schlettow: "Sehnse, Wabschke, bei Ihnen merkt man auf Schritt und Tritt, daß Se nich gedient haben. [...] Das fehlt Ihnen, Wabschke, das fehlt Ihnen! Als Schneider sinse vielleicht tipptopp, aber als Mensch, da fehlt Ihnen der Schliff, der Schnick, der Benimm, die ganze bessere Haltung!" (12). Darauf meint Wabschke: "Na, Herr Hauptmann, ick kann ja ooch de Knochen zusammenreißen" (13). Hier benutzen beide Figuren Redensarten, um sich zu verständigen. Beide haben militärischen Klang. Überhaupt ist die Sprache Schlettows sehr vom Militär geprägt.

Im weiteren Hin und Her zwischen Schlettow und Wormser fragt Wormser redensartlich "wo liegt der Hund begraben?" (13). Schlettow antwortet: "Ich weiß nicht, Herr Wormser. Ick hab son komisches Gefühl im Genick, un die Gesäßknöpfe sitzen auch nicht vorschriftsmäßig" (13). Das eigentliche Problem ist aber nicht, daß die Knöpfe vom Gefühl her schlecht passen, sondern was ihn so erregt ist, daß sie nicht *vorschriftsmäßig* sitzen. Schließlich zieht Wormser das Maßbuch zur Hand und sagt: "Sehnse hier, Herr von Schlettow, sehnse selbst: wie steht's da schwarz auf weiß?" (14). Die Bedeutung dieser

Redensart ist sehr wichtig, denn sie deutet auf eine der kritischen Aussagen des Dramas hin, daß es nämlich das Schriftliche bzw. die Regeln oder Vorschriften waren, worauf man am meisten achtete. Schlettow traut Wormser aber nicht und besteht darauf, daß Wormser den Abstand zwischen den Knöpfen mißt. Es stellt sich nun doch heraus, daß die Knöpfe wirklich nicht "vorschriftsgemäß" angenäht wurden. Darauf versucht Wormser ihn weiter zu überzeugen, daß es nichts ausmacht, denn für ihn wäre es eine große Arbeit, den Fehler zu begleichen. Er meint sprichwörtlich: "Vorschrift ist Vorschrift – aber damit kann Ihnen ja nu wirklich nichts passieren" (15). Darauf reagiert der Hauptmann auf energische Weise, was von Wormser mit Witz ins Lächerliche abgeschwächt wird:

Hauptmann: So, kann mir nischt? Na, und wenn ich nu Untern Linden Majestät begegne, und Majestät zieht Zollstöckchen aus der Tasche und mißt mir Gesäßknöppe nach – na und was dann?

Wormser: Was dann? Ich wer Ihnen mal was sagen: dann fragt er natürlich, von wem hamse den Rock, sagen sie: von Adolf Wormser aus Potsdam. Was, wird er rufen, von meinem lieben Wormser!! Bei dem laß ich ja selbst arbeiten! Also dann sind de Knöppe richtig, und mein Zollstock falsch!! Hier habense 'n Orden, da die geflochtenen Achselstücke, machense so weiter, Herr Major – Sehnse, wennse beim Wormser arbeiten lassen, da sinse schon befördert!!!

Hauptmann: Tadellos, Wormser! Is ja enorm! Also einfach gottvoll! Von meinem lieben Wormser! Gottvoll!! (15)

In diesem Wechsel sehen wir, wie streng sich Schlettow an die Vorschriften hält, aber auch wie der durchtriebene Wormser ihn

Der Hauptmann von Köpenick

durch sprachliche Manipulation letztendlich überreden kann, die Uniform so mitzunehmen, wie sie ist.

In seinem Umgang mit Obermüller sehen wir dieselben Charakterzüge Wormsers. Obermüller geht zu Wormser, weil er dringend eine Uniform für seine Beförderungsfeier braucht, die am nächsten Abend stattfindet. Und hier gelingt es Wormser tatsächlich, die wegen seiner Dienstquittierung von Schlettow nie abgeholte Uniform an Obermüller zu verkaufen. In dieser Szene versucht Wormser, dem Obermüller noch mehr zu schmeicheln als Schlettow, denn Obermüller ist auf einem höheren Gesellschaftsrang als Schlettow. So meint er bezüglich seiner Beförderung: "Na zum Reserveleutenant hamse's ja schon gebracht, das is de Hauptsache, das muß man sein heutzutage – gesellschaftlich – beruflich – in jeder Beziehung! Der Doktor ist die Visitenkarte, der Reserveoffizier ist die offene Tür, das sin die Grundlagen, das is mal so!" (59). Wabschke, der auch anwesend ist, kann dieses "Gelabere" nicht anhören, denn er weiß ganz genau, daß Wormser, der nie gedient hat, dieses nur sagt, weil er weiß, daß Obermüller es gern hört. Um sich zu diesem lächerlichen Benehmen zu äußern, meint Wabschke: "Da beißt de Maus keen Faden ab" (59). Mit dieser Redensart will er Obermüller sagen, daß er nicht alles, was Wormser sagt, für wahr nehmen sollte. Allerdings versteht Obermüller die direkte und ironische Mitteilung der Redensart nicht.

Obermüller, der selbst nur wenige Sprichwörter und Redensarten benutzt, ist für Zuckmayers Gesellschaftskritik ein wichtiges Sprachrohr. Als er sich im Uniformladen befindet und sich in der Hauptmannsuniform bewundert, meint er zu Wormser: "Kleider machen Leute, da ist nun doch was Wahres dran. So ne Uniform hebt entschieden – es geht ein gewisser Zauber von ihr aus" (60). Das Sprichwort "Kleider machen Leute" macht eine Aussage des Dramatikers deutlich, und zwar die Idee, daß wie man aussieht entscheidet, wie man von anderen beurteilt wird, worauf wir später in Bezug auf Voigts Verwendung der Sprichwörter wieder zurückkommen werden. Daß Obermüller einen

"Zauber" in der Uniform sieht, deutet erneut auf das Märchenhafte des Dramas hin. Wenn man die Uniform besitzt, hat man alles im Leben erreicht, wonach man strebt. Wormser meint dazu: "Das Schöne is, daß man was geworden ist, was nich jeder werden kann, das macht Spaß" (60). Obermüller ist aber ein vernünftiger Mensch und sieht seine Lage nicht so romantisch, wie sie Wormser schildert, sondern: "Umgekehrt, lieber Herr Wormser, grad umgekehrt! Das Große ist bei uns die Idee des Volksheeres, in dem jeder Mann einen Platz einnimmt, der ihm in der sozialen Struktur der Volksgemeinschaft zukommt. Freie Bahn dem Tüchtigen! Das ist die deutsche Devise! Die Idee der individuellen Freiheit verschmilzt bei uns mit der konstitutionellen Idee zu einem entwicklungsfähigen Ganzen" (60). Hier wird die deutsche Gesellschaft genau beschrieben. Durch die Redensart "freie Bahn haben" zeigt Obermüller, daß jeder, der dem Staat dient, sich an die Ordnung hält, und wenn er richtig aussieht, möglicherweise einen hohen Rang erhalten kann.

Was aber an dieser "perfekten" Gesellschaft fehlt, ist wirkliches Vertrauen unter den Bürgern, was durch Obermüller hervorgehoben wird. Wormser hat Obermüller versprochen, die Uniform am nächsten Tag zu liefern. Als es schon Stunden nach dem Abgabetermin ist, wird Obermüller unruhig und hat Angst, daß er von Wormser "im Stich gelassen" wurde. Diese Redensart benutzt er zweimal, als er wirklich glaubt im Stich gelassen zu sein und greift sie dann zum dritten Mal auf, als Wabschke die Uniform doch noch abliefert: "Na, Kinder, wozu die Aufregung, ich hab ja gewußt, daß es noch klappt, Wormser wird mich doch nich im Stich lassen" (79). Der Gutgläubige ist zufrieden, weil alles wieder so ist, wie es hätte sein sollen, aber seine Frau ist noch verärgert, weil es für sie nicht reicht, daß die Uniform "in letzter Minute" gekommen ist. Diese Redensart drückt die Knappheit der Zeit aus. Um seine Schuld zu mindern, spielt Wabschke mit dieser Redensart und meint: "de letzte Minute is immer de beste Minute" (79).

Der Hauptmann von Köpenick

Die vier Gestalten Wormser, Schlettow, Obermüller und Wabschke verkörpern die wesentlichen Seiten des Systems. Wabschke identifiziert sich nicht unbedingt mit der Verherrlichung der militärbesessenen Gesellschaft wie Schlettow und Obermüller. Wormser, der sich eigentlich in einer niederen Schicht befindet, weil er nicht gedient hat, genießt praktisch den obersten Rang, weil er das wichtigste Element eines Offiziers herstellt, die Uniform. Er kreiert die Illusion – das, was alle sehen, was so deutlich hervorgehoben wird durch Obermüllers Verwendung des Sprichworts "Kleider machen Leute." Eine weitere Figur, die noch in Betracht gezogen werden muß, ist Hoprecht, der Schwager von Voigt. Er verkörpert den treuen Zivilisten, der seinen Staat verherrlicht und sein Leben für das Wohl seines Landes zur Seite schiebt. Er unterscheidet sich von Wabschke, weil er den Staat verherrlicht und ernst nimmt, was Wabschke nicht macht; von Wormser, weil er ehrlich ist und wirklich hinter allem steht, was er sagt, wogegen Wormser nur das sagt, was er meint, was andere hören wollen; und von Schlettow und Obermüller, weil er ein einfacher Zivilist ist und den hohen Rang der beiden nicht genießt. Hoprecht wird in Zusammenhang mit der Entwicklung Voigts in Betracht gezogen, um die starken Unterschiede, die vor allem durch die Sprache bemerkbar sind, hervorzuheben.

Die Gesellschaft, in der Wilhelm Voigt lebt, ist gespalten zwischen den Menschen, die im Militär dienen oder gedient haben und denen, die nicht dienen oder nie gedient haben. Wie in jeder Gesellschaft gibt es die, die angenommen werden und zum System gehören, wie Hauptmann von Schlettow und Bürgermeister Obermüller. In starkem Kontrast dazu stehen die Opfer, die sich vom Staat betrogen fühlen, aber sich nicht um eine Änderung kümmern, wie Hoprecht und Kalle. Der Unterschied zwischen diesen beiden wiederum ist, daß wo Hoprecht sein Schicksal ohne großes Klagen akzeptiert, streubt sich Kalle gegen den Staat und wird zum Verbrecher. Er hat keine wahren Ziele und versucht nicht, sein Leben auf effektive Art und Weise zu verändern. Somit resignieren beide Figuren und entwickeln sich nicht als Individuen, was genau das Ziel des Staates ist.

"Here we are faced with the essentially abstract idea of a social order, as represented by the strict hierarchy of the army with its ranks, uniforms, and rigid discipline which promises social security as well as status; people are either admitted into this hierarchy and conform to its demands, or, because they will not or cannot conform, live outside it, disdained, insignificant, and insecure."[28] Wilhelm Voigt steht als Außenseiter in der Mitte dieser geteilten Gesellschaft. Er gehört nicht zu der ersten Gruppe, weil er nur ein Zivilist ist, der nie gedient hat, aber er gehört auch nicht zu den dem Staate untertänigen Bürgern, die sich nicht aktiv um ihre individuellen Rechte kümmern. Voigt ist friedlich und will niemandem im Weg stehen, er will die Regeln der Gesellschaft befolgen, jedoch kommt er so mit seinem Leben nicht voran. Was ihn besonders von den anderen unterscheidet ist, daß er sich schließlich, nach vielen Versuchen, sich in der Gesellschaft zurecht zu finden und sich zu integrieren, zum Handeln entschließt, um etwas gegen seine miserable Lage zu unternehmen.

Sprachlich gesehen, können wir Voigts Entwicklung in drei Phasen einordnen:

1. In der ersten Phase lernen wir den schwachen Schuster kennen, der verzweifelt ist und hin und her gewälzt wird. Egal was er macht, bleibt er immer stecken und landet wieder im Gefängnis.

2. In der zweiten Phase sehen wir, wie sich sein Glaube an seine bürgerlichen Rechte entwickelt, und wie er immer sicherer dazu steht und seine Meinung äußert.

3. In der dritten Phase benutzt er die Sprache und Mittel des Staates gegen den Staat, so daß er die obere Hand hat. Durch die Manipulation der Sprache und der Regeln des

Der Hauptmann von Köpenick

Staates schafft er es, seinen Streich zu spielen und zu triumphieren, d.h. seinen Paß zu erhalten.

Am Anfang des Dramas wirkt Voigt sehr verzweifelt und hilflos, sogar etwas naiv, was vor allem in seiner Sprache ausgedrückt wird. Wir lernen Voigt zuerst in in der zweiten Szene des ersten Aktes kennen. Er befindet sich auf dem Polizeirevier, wo er versucht, sich nach einem Paß zu erkundigen. Vom Oberwachtmeister wird er ausgeschimpft, weil er ihn anscheinend während der geschlossenen Bürozeit gestört hat und ihn nur als "Wachtmeister" und nicht als "Oberwachtmeister" angesprochen hat. Weiter meint der Oberwachtmeister: "Da kann ja jeder kommen und uns einfach über die Schulter kucken" (17). Die hier verwendete Redensart deutet auf die kontrollierende Gesellschaftsordnung hin. Die Regierung hat das Recht, den Bürgern "über die Schultern zu gucken," aber ein Zivilist hat nicht das Recht, die Initiative zu ergreifen und Fragen zu stellen bzw. *der Macht* "über die Schulter zu kucken."

Nun hat Voigt es wenigstens so weit gebracht, daß der Oberwachtmeister ihn nicht zurückweist, sondern ihn die nötigen Fragen stellen läßt. Von seiner Akte erfährt der Oberwachtmeister von Voigts vielen Vorbestrafungen und meint redensartlich: "Sie sind ja ein ganz schwerer Junge" (18). Voigt versucht sich zu verteidigen, indem er diese Redensart verdreht und sich dazu äußert: "Ick weeß nich, Herr Kommissär, ick werde in letzter Zeit immer leichter" (18). Der Oberwachtmeister nimmt ihn gar nicht ernst und meint, er habe Luft im Kopf, das heißt er habe nichts im Kopf wie der typische "dumme" Zivilist. Voigt versucht ihm klar zu machen, daß seine Vorbestrafungen jetzt hinter ihm liegen, woraufhin sich der Oberwachtmeister skeptisch äußert: "So was ist nie vorbei, merkense sich das [...] Wer einmal auf die schiefe Bahn gerät" (19). Mit dieser Aussage und Redensart wird im Gespräch weiter gespielt:

Voigt: Stimmt.

Oberwachtmeister: Wieso "stimmt". Was stimmt?

Voigt: Das mit de schiefe Bahn. Da hamse ganz Recht. Det is, wie wennse ne Laus uff ne Glasscheibe setzen. Da kannse nu krabbeln und krabbeln un rutscht ejal immer wieder runter.

Oberwachtmeister: Das sind so Redensarten, die kennt man. (19)

Von Interesse ist hier, daß der Oberwachtmeister zum ersten Mal nicht abwertend auf Voigts Aussage reagiert. Als Voigt gefragt wird, ob er in Deutschland Familie habe, bejaht er dies. Er meint aber, daß er sich "mit all meine Vorstrafen aufn Puckel" (20) nicht zu ihnen traut. Er will ihnen nicht zur Last fallen und schämt sich auch seines Hintergrundes. Weiter im Gespräch spricht Voigt das eigentliche Problem des Passes an, aber der Oberwachtmeister versteht nicht, wie schwer und unmöglich es ist, einen Paß zu erhalten. Voigt versucht ihm zu erklären, daß es nicht unbedingt ausreicht, als *anständiger* Mensch Arbeit zu bekommen. Er vergleicht die Situation mit dem Karussellfahren; wer gute Arbeit haben will, muß einen Paß haben und um einen Paß zu erhalten, braucht man gute Arbeit. So ist es unmöglich, vorwärts zu kommen: "Nee, nee, det is nu'n Karussell, det is nu ne Kaffeemihle. Wenn ick nich jemeldet bin, krieg ick keene Arbeet, und wenn ick keene Arbeit habe, da darf ick mir nich melden" (21). Das Symbol des Karussells, das in der Volkssprache geläufig ist, zeigt, wie sich Voigt dauernd im Kreise dreht und sein Ziel nicht erreicht.

Voigt benutzt eine weitere Redensart, um dem Oberwachtmeister zu zeigen, wie er in diesem Moment Voigts Leben ändern könnte: "Se haben doch jetzt mein ganzes Vorleben da in de Hand, und wennse mir nicht hier haben wollen, denn jebense doch bein Alex ein, det ick'n Paß kriege!" Darauf erwidert der Oberwachtmeister nur: "Ich sage ihnen doch, dafür sind wir

Der Hauptmann von Köpenick

nicht zuständig" (21). Es wäre sicherlich keine Last, Voigts Anfrage an einen Kollegen oder an das richtige Amt weiterzugeben, aber dem Oberwachtmeister ist Voigts Schicksal egal. Somit lernen wir den einfachen Schuster Wilhelm Voigt kennen und erleben als Zuschauer/Leser gleich in der ersten Szene mit Voigt die Verzweiflung, die durch die abstrakten Regeln des Staates entsteht. Wir sehen, daß er eigentlich nur eine Bitte hat, und daß er den Oberwachtmeister mit Respekt und Ehrlichkeit anredet. Dieser aber will ihn als Hilfe bedürftigen Menschen nicht anerkennen.

Diese Szene erzeugt schlagartiges Mitleid mit und Sympathie für Voigt, denn wir sehen, wie ernst seine Verzweiflung wird und wie einfach es sein könnte, ihm zu helfen. Er kann die Bedeutung des Passes nicht klar genug machen und meint sogar, er sei wichtiger als das tägliche Brot, wobei der Oberwachtmeister wieder versucht, ihn abzuweisen. Voigt stellt seine Situation bildlich dar, indem er mit Hilfe einer Redensart seine Lage beschreibt: "Wenn ick keene Meldung kriege und nich hier bleiben darf, denn will'ck wenigstens 'n Paß haben, det ick raus kann! Ick kann ja nu mit de Füße nich in de Luft baumeln, det kann nur'n Erhenkter" (22). Die Bildhaftigkeit der variierten Redensart "auf schwachen Füßen stehen" zeigt, wie unsicher Voigt ist, und daß er wirklich nicht beide Füße auf der Erde haben kann, ehe er einen Paß erhält. Wer die Füße nicht auf der Erde hat, kann auch nicht weiter vorangehen und bleibt auf einer Stelle stecken.

In der nächsten Szene lernen wir den Verbrecher Kalle kennen, der ein Kumpel Voigts ist. In dieser Szene sehen wir die etwas naive Seite Voigts, der das von Kalle betriebene Unwesen erkennt, sich aber trotzdem von ihm beeinflussen läßt. Als sie sich zuerst unterhalten, erzählt ihm Kalle, wie er sich von seiner vom Gefängnis organisierten Gruppenwanderung heimlich getrennt und sich "seitwärts in die Büsche" (24) geschlagen hat. Diese Redensart erzeugt ein Bild von "schleichen" oder etwas Unehrliches tun. Darauf antwortet Voigt nur "Du bist ne

Nummer, Kalle." Diese Aussage wird durch Kalle gesteigert, indem er Voigt zustimmt und sagt: "Jewiß doch, sogar ne hohe Nummer, aber ne janz unjerade!" (24). Die Redensart "eine große Nummer sein" wird weitläufig in der Volkssprache benutzt, um eine außergewöhnliche Qualität eines Menschen hervorzuheben. Diese Qualität Kalles ist negativ, was er sogar selber zugibt, als er meint, eine ungerade Nummer zu sein. Er gibt aber einen Grund für sein "krummes" Verhalten: "Mensch, [ungerade] mußte ooch sind heitzutage, sonst verreckste im Stehen und vahungerst vorm Telikadessenjeschäft" (24). Hier deutet Kalle auf die Spaltung in der Gesellschaft hin. Einmal kann man auf ehrliche Art und Weise nicht essen bzw. existieren, und Delikatessenläden sind sowieso zu teuer für normale Bürger.

In dieser Szene ist Kalle bereit, seinen letzten Groschen bzw. seinen "letzten Morikaner" (25) für Schnaps auszugeben. Als Voigt ihn fragt, was er macht, wenn sein ganzes Geld alle ist, meint Kalle, er könne seinen Anzug verkaufen. Darauf erwidert Voigt entsetzt: "Mensch, mach det nicht! Bleib in Schale, Mensch!! Ick kann dir sagen, Schale is allens. Wenn de mal so rumloofst als wie icke - denn is nischt mehr zu wollen" (25). Hier wird die Redensart "(fein) in Schale sein" variiert, die auf das Aussehen eines Menschen hindeutet. Die "Schale" repräsentiert das Aussehen bzw. die Kleidung. Diese Idee des Aussehens oder des Scheins wird zum Leitmotiv, was von weiteren Sprichwörtern und Redensarten, wie etwa "Kleider machen Leute", im Drama unterstützt wird. In Voigts Verwendung von "in Schale sein" liegt der Keim der eigentlichen Aussage des Dramas, der sich bis zu Voigts Streich entwickelt und in dieser Aktion blüht.

Im weiteren Gespräch reden sie über die Arbeit und wo sie arbeiten könnten. Kalle schlägt vor, daß sie zu einem Café gehen, um zu sehen, ob sie dort Hilfe brauchen. Voigt möchte aber handwerklich tätig sein, da er ein "Jelernter" ist. Kalle hat kein Verständnis dafür und erklärt Voigt, daß er ein "Ding drehn" wird: "Soon Ding - und denn ha'ck forn paar Jähreken

Der Hauptmann von Köpenick 57

ausjesorcht." Darauf antwortet Voigt: "Det wird nischt, Kalle. Wennste 'n Ding drehn willst, 'n richtiges Ding – davor mußte 'n Kopp haben, den haste nich. Det mußte janz jenau wissen, vastehste?" (26). Die Redensart "ein Ding drehen" stammt aus der Gaunersprache und bedeutet ein Verbrechen ausführen. Kalle deutet damit an, daß er auf unehrliche, verbrecherische Weise zu Geld kommen will. Voigt versucht ihm zu zeigen, daß es sehr riskant ist und meint, daß er es lieber "nochmal in sone neie Schuhfabrik" probieren wird. Daraufhin reden sie nicht weiter und trinken ihren Schnaps.

Diese Szene ist sehr wichtig, denn wir sehen, daß Voigt schon dazu geneigt ist, ehrlich zu sein und mit dem Strom der Gesellschaft zu schwimmen, indem er sie akzeptiert bzw. die Tatsache nicht hinterfragt, daß das Aussehen sehr wichtig ist und den Rang eines Menschen bestimmen oder beeinflussen kann. Später in dieser Szene wird sehr viel mit Sprichwörtern und Redensarten gespielt, wobei Voigt sich eher zurückhält. Das Hin und Her verläuft zwischen Kalle, der schönen "Plörösenmieze" und Voigt, wobei Kalle versucht, das Interesse der Schönen zu gewinnen:

Kalle: Sie, Frollein, kommense mal 'n bisken näher. Wissense was? Ick sage immer: Morjenstund is aller Laster Anfang.

Plörösenmieze: Du meinst wohl: Mößigjang hat Jold im Munde, wat?

Kalle: Die is richtig! Det ha'ck ja gleich jewußt, die is goldrichtig! Na, bleib doch man, wo willst denn schon wieder hin, Mäusken?

Hier spielen die beiden mit den Sprichwörtern "Morgenstunde hat Gold im Munde" und "Müßiggang ist aller Laster Anfang." Indem bürgerliche Sprichwörter zu sogenannten Antisprichwörtern verdreht werden, wird hier deutlich, daß alte Wertordnungen keine Bedeutung mehr haben.[29] In dieser Szene kommt es zu einer Auseinandersetzunng zwischen den zwei Seiten der Gesellschaft, als ein "stark angetrunkener Gardegrenadier" erscheint. Es ist dem Soldaten nicht erlaubt, in dem Lokal zu verkehren und vor allem betrunken zu sein. Er macht die Plörösenmieze an und fordert sie auf, auf seinem Schoß zu sitzen, was Kalle wiederum reizt. Von einem Zivilisten wird der Grenadier immer wieder daran erinnert, daß er Soldat ist, was ihm "piepewurschejal" ist. Als die Plörösenmieze auf seine Betrunkenheit hindeutet, meint der Grenadier "Det jloob ick, Puppe. Is ja allens ejal. Heit lustig, morjn kapputt" (35). Dieses Sprichwort summiert nicht nur seine Einstellung in diesem Moment, sondern sie deutet auch ganz allgemein auf das banale Leben des einfachen Soldaten hin. Voigt meint zu Kalle, daß dieser Soldat mit seinem Geld und in seiner Uniform sich jegliches Verhalten leisten kann. In einer Reihe von drei Redensarten erwidert Kalle jedoch: "Det wär ja nu jelacht. Det wär ja nu noch scheener. Det wolln wa nu mal sehn" (35). Daraufhin, um sich klar auszudrücken, meint Voigt mit einer Art Sprichworterfindung: "Da jibt es nischt zu sehn, Kalle. Wie du aussiehst, so wirste anjesehn" (35). Und hiermit sehen wir, wie das Motiv des Aussehens bzw. des Scheins weiter wächst. Voigt, der ruhige bzw. friedliche Kumpel des Lumpen Kalle, hat, trotz seinem "Platz" in der Gesellschaft, das Einsehen, daß die Gesellschaft nun mal auf das Aussehen bzw. das militärische Ansehen achtet und einen Menschen dem Aussehen nach beurteilt. Kalle akzeptiert das nicht und streubt sich gegen diese Ansicht: "Det laß ick mir nich jefallen! Det wolln wa sehn!" (35).

Am Ende dieser Szene stürzt sich der Grenadier auf Kalle, wobei Schlettow in die Situation eingreift. Die anderen, die im Café anwesend sind, schreien Schlettow an, weil er nicht uniformiert ist und verdächtigt wird, Zivilist zu sein. Das Problem ist, daß ein Zivilist einen Soldaten nicht angreifen darf.

Der Hauptmann von Köpenick 59

So wird Schlettow zusammengeschlagen, ohne daß er unterstützt wird. Kalle wird ins Gesicht gehauen, wozu Voigt "sein" Sprichwort wiederholt: "Siehste Kalle - wat hab ick immer jesagt? Wie der Mensch aussieht, so wird er anjesehn" (37). Das ist der dritte Hinweis in den ersten zwei Szenen mit Voigt auf die Macht des Aussehens, wo der Schein wichtiger ist als das Sein. Durch seine Verzweiflung und seine Unfähigkeit, einen Paß zu erhalten, wird Voigt dazu getrieben, ihn auf unehrliche Weise zu bekommen, indem er in das Polizeirevier einbricht. Als er mit Kalle zusammensitzt, spürt Kalle, daß Voigt nicht zufrieden ist, und daß er etwas vorhat: "Dir steckt wat in de Nase. [...] Wennste 'n Ding im Hals hast, denn hustet ma raus. Ick wer dichthalten, det weeßte" (47). Hier merken wir, daß Voigt wirklich nur Kalle hat und sonst niemanden, d.h. wir haben noch keine anderen "Freunde" von Wilhelm Voigt gesehen. Kalle möchte Voigt helfen, aber er interessiert sich nur für die Kasse, die sich auf dem Polizeirevier befindet, während Voigt nur den Paß im Sinne hat. Auf seinen Vorschlag, einen Revolver mitzubringen, meint Voigt, es sei zu gefährlich, denn "Wenn's schief jeht, und du hast ne Waffe, denn biste verratzt. [...] Man soll'n lieben Gott nicht in de Nase kitzeln, sonst niest er" (51). Mit diesen zwei Sprüchen (einer Redensart und einem Sprichwort) drückt Voigt seine Sorge volkssprachlich aus.

Am Ende dieser Szene fragt Voigt: "Du läßt mir nich im Stich, Kalle?" Worauf Kalle "im Halbschlaf" antwortet: "Wenn da ne Kasse is" (56). Worauf in diesem "Gespräch" angedeutet wird ist erstens die Angst, im Stich gelassen zu werden (wie wir bei Obermüller schon gesehen haben) und zweitens die Tatsache, daß jeder nur für sich handelt bzw. dem anderen nicht hilft. Es gibt immer irgendwelche Bedingungen. Voigts "Freund" Kalle hilft ihm nur unter der Bedingung, daß es eine Geldkasse geben wird, sonst würde er Voigt im Stich lassen.

Noch in dem ersten Akt erfahren wir, daß Voigt bei seinem Einbruch in das Polizeirevier verhaftet wurde und zehn Jahre lang dafür im Gefängnis gesessen hat. Im Zuchthaus hat Voigt sein Militärvokabular vergrößert, denn der Direktor des Zuchthauses ist sehr vom Militarismus geprägt und überträgt dessen Regeln und Vorschriften auf die Gefangenen. Der Direktor ist eine der ersten Autoritätsfiguren, die Voigts Ehrlichkeit, friedliche Persönlichkeit und Bereitwilligkeit, seine Befehle zu befolgen, zu schätzen weiß und ihn deswegen auch gut behandelt. In dieser Atmosphäre hat Voigt "gedient," d.h. hier hat er erfahren, wie man spricht, nachdem man gedient hat. Er lernt, die Militärsprache zu verstehen und sich in dieser Sprache zu verständigen, was er später zu seinem Vorteil benutzen wird. Der Direktor meint sogar zu ihm: "Bravo, Voigt! Sie erfassen die militärische Situation, als wären Sie selbst dabeigewesen. Wo haben Sie das nur her?" Darauf sagt Voigt, indem er wieder eine Redensart benutzt: "Det hat'n Preuß im Blut, Herr Direktor" (67). Natürlich entgeht dem Direktor die satirische Anspielung auf den eingefleischten Militarismus.

Voigt weiß, daß er, wenn es überhaupt eine Chance gibt, in der Gesellschaft weiterzukommen, das Spiel nach den Regeln der Gesellschaft spielen muß. Er soll nicht auffallen und schön gehorsam vor sich hinleben. Mittlerweile aber wird es ihm klar, was er braucht und wie er es schaffen kann. Hier sehen wir die Weiterentwicklung seiner Sprache und Einstellung, was weiter durch die Sprichwörter und Redensarten verdeutlicht wird. Diese reflektieren eine etwas sicherere Einstellung und ein stärkeres Selbstbewußtsein. Zumindest ist er sich mehr bewußt, was er will. Seine Einstellung und seine Überzeugung von seinen Grundrechten im Vergleich zu den anderen Bürgern, die ihr Leben so akzeptieren, wie es ist, werden vor allem im Gespräch mit seinem Schwager sehr deutlich gemacht.

Als Wilhelm seine Schwester besucht, sind die beiden zuerst allein. In dem Gespräch drückt er aus, daß er seiner Schwester und ihrem Mann nicht zur Last fallen möchte. Seine Schwester besteht darauf, daß er dort bleibt und meint, daß ihr Mann es gar nicht anders haben würde. Herr Hoprecht ist im Grunde ein

Der Hauptmann von Köpenick 61

guter Mensch, der sich an das System hält. Das heißt aber nicht, daß er mit dem System einverstanden ist. Er ist liebenswürdig, sieht Voigt als Familie, und als anständiger "Biedermann" spielt die Familie eine wichtige Rolle für Hoprecht. Voigt, der immer schlecht behandelt bzw. wegen seines Standes und Aussehens immer verurteilt wurde, ist skeptisch gegenüber Hoprechts Einstellung zu ihm. Seine Schwester versucht ihn zu beruhigen:

> Willem, sag so was nich, du kennst'n nich. Der is die Güte selber, das is er, der kann keine Fliege ins Spinnweb zappeln sehn. Jewiß, auf sein Magistrat, wo er in Amt ist, da kann er auch mal enerjisch werden, da is er sehr streng drin, er is nu überhaupt'n Feind von jede Unregelmäßigkeit, das kann er nicht vertragen. Aber nee, Willem, das darfste nich falsch auffassen, außern Amt is der Mann die Güte selber, der hat das Herz aufm rechten Fleck, sag ich dir! (69)

Hier werden Hoprechts zwei Seiten gezeigt: der gute Mensch, der redensartlich das "Herz auf dem rechten Fleck hat" und der anständige Bürger, der auf der anderen Seite streng und militärisch ist und Unordnung bzw. Unregelmäßigkeit nicht akzeptiert. Sie erklärt Voigt, warum ihr Mann freiwillig zur Militärübung geht:

> Nee, wenn er nich manchmal ne Übung hätte, ich glaube, denn wär der Mann verkümmert. Das is für ihn det einzige! Sonst hat er ja nichts, mal 'n Kegelabend, mal de Pfeife, hechstens mal 'n Glas Bier, solid wie er is. (70)

Was ich mit diesen zwei Aussagen zeigen möchte ist, wie Hoprecht charakterisiert wird und wie er sich von Voigt unterscheidet. Hoprecht ist dem Staat untertänig, aber er ist auch mit vollem Herzen dabei. In den Regieanweisungen wird er folgendermaßen beschrieben: "Er ist jünger als Voigt, von breiter kräftiger Gestalt, mit klarem, starkem Gesicht. Einfach gekleidet" (71). Also auch vom Aussehen her ist er ein anständiger Bürger, der stark ist und durch die einfache Kleidung nicht besonders auffällt. In seinem Gespräch mit Wilhelm benutzt Hoprecht viele Redensarten und Sprichwörter, um sich zu verständigen. Die, die er verwendet, zeigen eben seine gute, anständige, unkomplizierte Natur. Zum Beispiel hat er immer eine Antwort auf Probleme, und er kann immer das Positive an einer schlechten Situation sehen. Das heißt, da er so sehr vom Staat überzeugt ist und dem Staat gegenüber treu ist, kann er immer die Ungerechtigkeiten des Staates rechtfertigen.

Wie schon erwähnt, ist Hoprecht ein ordentlicher Biedermann, der die Familie schätzt. Als er Wilhelm zum ersten Mal in seiner Wohnung kennenlernt, besteht er darauf, daß Wilhelm dort bleibt, trotz seines schlechten Hintergrundes. Er meint zu Voigt: "Du bist der Bruder von meiner Frau, da gehörste auch zu mir. Hier biste willkommen" (70). Gleich im ersten Gespräch fragt Hoprecht, was Voigt nun machen wird. Voigt erklärt ihm, wie schwierig es ist, wieder Fuß zu fassen, worauf Hoprecht ganz optimistisch antwortet: "Du wirst nu, wenn ick mal prophezeien darf, ganz von vorne anfangen, nich? Der Mensch kann immer wieder ganz von vorne anfangen, da is man nie zu alt für. [...] Da wern wir dir mal 'n bißken unter de Achseln fassen. Det wird schon werden" (72). Mit der Variation der Redensart "unter die Arme greifen" versucht Hoprecht, Voigt Mut zu machen. Er versteht nicht, wie schwer es für seinen Schwager ist, wieder anzufangen, weil er die Hindernisse, die ihm vom Staat in den Weg gestellt werden, zu rechtfertigen weiß. Voigt deutet auf die Schwierigkeiten hin, die durch die Behörden entstehen, und daß es nicht so sehr die Arbeit ist, die schwer zu finden ist, sondern die Probleme, die er hat, seine Aufenthaltserlaubnis zu bekommen. Darauf meint Hoprecht, daß Behörden auch nur Menschen sind, was bedeuten soll, daß sie nicht besser oder schlechter sind, und daß sie nicht zu fürchten sind.

Der Hauptmann von Köpenick 63

Um Voigt zu beruhigen und zu helfen, bietet ihm Hoprecht mit zwei Redensarten an, daß Voigt dort bleibt und seiner Frau im Geschäft "zur Hand geht" (73). Er meint, daß seine Frau leichtsinnig mit der Kasse umgehe, weshalb man " 'n bißken Auge drauf" (73) haben soll. Im weiteren Gespräch versucht er, Voigt davon zu überzeugen, daß alles besser wird: "Was jewesen is, is jewesen. Jetzt stell dir mal auf die Hinterbeine und halt'n Kopp oben" (73). In diesen zwei Sätzen verwendet Hoprecht sogar ein Sprichwort und zwei aneinandergekettete Redensarten, um seine Meinung zu verdeutlichen. Sein Rat ist einfach: Voigt soll stark bleiben und Selbstbewußtsein haben. Wer nicht selbstbewußt ist, hält den Kopf meistens gesenkt und steht ungerade. Er soll das, was geschehen ist, hinter sich lassen und sich auf die Gegenwart konzentrieren. Voigt reagiert sehr positiv auf das, was Hoprecht sagt und bedankt sich für seine Hilfe, denn alleine hätte er es nicht geschafft, wieder von vorne anzufangen. Darauf meint Hoprecht wieder: "Schwamm drüber, und Augen geradeaus! Die Beene jehn schon von selbst" (74). Hier sehen wir wieder, wie direkt und einfach sein Rat bzw. seine Einstellung zur Welt ist. Für ihn ist das Leben nicht kompliziert, wenn man sich an die Ordnung hält; im Gegenteil passiert alles praktisch automatisch. Etwas später im Gespräch fragt ihn Voigt, ob er ihm helfen könne, einen Paß zu erhalten, worauf Hoprecht antwortet: "Das geht alles seinen Gang, Willem. Machen kannste da gar nichts. So wolln wir jetzt auch gar nicht anfangen, was? Da mußte den richtigen Weg einschlagen, denn klappt das auch. Hinterum, das wär Delikt! Und was dir zusteht, das kriegste, dafür sind wir in Preußen. Also prost, Willem, aufs neue Leben! Da mach dir man keine Sorgen. Das geht alles seinen Gang!"(75). Mit dieser klischeehaften Aussage sehen wir, daß Hoprecht wirklich keine Ahnung von Voigts Situation hat. Er glaubt daran, daß man das bekommt, was einem zusteht; wenn also etwas nicht klappt, dann sollte es nicht so sein. Die Ordnung ist nun mal so in Preußen, und als Bürger hat man nicht das Recht, den Staat zu beurteilen und zu kritisieren. Er macht so viel er kann für Voigt, solange er dabei nicht "aus der Reihe" tanzt. Voigt will auch nicht unehrlich vorgehen, aber er weiß, daß er ohne Hilfe oder Beziehungen nie zu seinem Paß kommen wird. Später im Drama erfährt Hoprecht selber, wie ungerecht sein Staat ist, wobei er es hinnimmt, ohne sich besonders aufzuregen. Es geht darum, daß er "an der Reihe" war, zum Vizefeldwebel befördert zu werden. Daß er nicht befördert wurde, liegt wieder an der Bürokratie: "Daß so was immer nach Bestimmungen geht, nach'm Papier, und nicht nachm Verdienst, nachm Menschen! Das hat unser Hauptmann auch gesagt. Na, nu kann man nichts machen" (99). In ihrer Antwort auf diese Aussage meint Hoprechts Frau, daß es schade sei, daß ihr Mann nicht befördert wurde, wobei man das Gefühl hat, daß sie gar nicht sehr enttäuscht ist. Als Voigt aber mit Hoprecht spricht, meint er ganz entsetzt: "Du warst aber doch an der Reihe. Det war doch dein Recht" (101). Hoprecht versucht, das Thema zu wechseln, das heißt, er will nicht mehr davon reden. Voigt ist aber empört und kann nicht mehr aufhören, darüber zu sprechen. Er meint: "Was richtig is, ich meine, wat Recht is, det sollt auch Recht sein! Nich?" (101). Worauf Hoprecht nur sagt: "Recht is, was Gesetz is, Willem" (101). Mit anderen Worten, Hoprecht akzeptiert sein Schicksal und kämpft nicht um sein Recht. Er meint noch: "Gegens Letzte is kein Kraut gewachsen. – Aber bei uns kommt immer noch jeder zu Seinem" (101). Mit diesen beiden Sprichwortvariationen versucht er zu zeigen, daß seine unfaire Behandlung gar nicht so ungerecht ist. Es soll wohl so geschehen, denn "was sein muß, muß sein," und es geht alles seinen Gang, da kann man sowieso nichts machen. Hier endet aber das Gespräch nicht, sondern Voigt und Hoprecht reden weiter in einem Hin und Her, wobei viele Redensarten und einige Sprichwörter benutzt werden. Hoprecht ist zwar nicht mehr so positiv eingestellt wie im ersten Gespräch mit Voigt, aber er hat immer noch dieselbe Meinung. Was wir aber jetzt sehen ist, daß er mehr oder weniger resigniert hat. Voigt dagegen hat sich weiter entwickelt und ist viel stärker geworden. Als er Hoprecht seinen Ausweisungsbrief zeigt, fragt dieser, was er nun machen werde und ob er vorhabe, Dummheiten zu machen. Darauf erwidert Voigt: "Ausjeschlossen. Dummheiten – ausjeschlossen. Ick wer nu langsam helle" (102). Nicht nur "helle", sondern mutiger ist Voigt geworden, und er nimmt alles mehr oder weniger auf die leichte Schulter. Er lacht über seine Situation, was Hoprecht verrückt macht, denn eigentlich hat Voigt nichts, was ein ordentlicher Deutscher wie Hoprecht nicht so leicht begreifen kann. Hier sehen wir, wie Voigt die Worte, die Hoprecht einst benutzt hat, um ihn zu beruhigen, wieder aufgreift und Hoprecht ins Gesicht wirft. Ganz sarkastisch wiederholt er Hoprechts Sprichwort: "Jedem dat Seine, Nich?" (102). Darauf sagt Hoprecht, er fahre auf einem falschen Gleis, das heißt, daß das, was er vorhat, nicht richtig sein kann. Er meint, daß wenn Voigt solche Schwierigkeiten hat, dann muß es dafür einen Grund geben, oder es ist eben ein Unglück. Voigt sieht es aber als Unrecht und meint, daß wie er behandelt wird nichts mit Glück oder Unglück zu tun hat. Hoprecht besteht aber darauf, daß er Pech hat (102), und daß er es tragen muß wie ein Mann. Die Redensart "Pech haben" kommt im Drama zweimal vor und zeigt wieder, wie die Menschen zu der Zeit versucht haben, dem Staat nicht zu widersprechen oder seine Regeln in Frage zu stellen. Es reichte einfach zu sagen: "Ich habe Pech gehabt, und wie ein Mann muß ich es jetzt tragen."

Voigt versucht, Hoprecht klar zu machen, daß er es gewohnt ist, alles zu tragen, aber er könne nirgends hin mit dem, was er hat. Hoprecht wirft Voigt vor, daß er sich nicht unterordnen will und wie eine Wanze lebt. Darauf erwidert Voigt: "Richtig! Die lebt, Friedrich! Und weißte, warum se lebt? Erst kommt die Wanze, und dann de Wanzenordnung! Erst der Mensch, Friedrich! Und dann die Menschenordnung!" (103). Was Voigt hier zeigen will ist, daß der Mensch erst dem Staat gegenüber treu sein kann, wenn er ein ganzer Mensch mit Rechten geworden ist. Er will sich unterordnen, aber er meint, daß die Ordnung nicht richtig sei. Darauf sagt Hoprecht energisch: "Sie ist richtig! Bei uns is richtig! Schau dir ne Truppe an, in Reih und Glied, denn merkste's. Wer da drin steht, der spürt's! Tuchfühlung mußte halten! Dann biste'n Mensch – und dann haste menschliche Ordnung!" (103). Also, Mensch ist, wer redensartlich in Reih und Glied steht und im Militär tätig ist. In seinem Aufsatz "The Stage as Metaphysical Institution in Zuckmayer's Dramas" zitiert E. Speidel den Schriftsteller Zuckmayer, der sich über diese absurde Einstellung gegenüber der Gesellschaft äußert, die durch Hoprecht so klar dargestellt wird. Zuckmayer meinte:

> Aber die Leidenschaft zur vollkommenen Abstraktion, die besessene Fähigkeit, tatsächlich das 'Ding an sich' anstelle der organischen Verschmolzenheit aller Dinge zu begreifen. – Die Neigung zu unbarmherziger, ja selbstzerstörender Systematik, in gefährlicher Verbindung mit Selbstüberheblichkeit und einem überhitzten, keineswegs 'erbgesunden' Willen zur Macht, – die fatale, das heisst schicksalhafte, Diskrepanz zwischen Duckmäuserei oder Autoritätsgier im Gemeinwesen – und reinster, freizügigster Geistes- und Seelengröße im Einzelfall. – [...] darin eben erscheint mir die besondere, außerrationale Wesenheit des Deutschen zu liegen, sein Fluch und seine Gnade.[30]

Voigt fordert Hoprecht weiter heraus. Er fragt, was passieren würde, wenn das System mal platzen sollte, was dann mit der Ordnung passieren würde. Hoprecht meint nur, daß so etwas nie passieren könne, nicht in Deutschland, weil da ein "fester Boden" drunter sei. Als Voigt ihn fragt, woher das Unrecht kommt, meint Hoprecht, daß es kein Unrecht gäbe, denn Recht und Ordnung gehe über alles. Als Voigt fragt, ob seine Beförderung, die nicht vollzogen wurde, ob das "Recht" gewesen sei, da antwortet Hoprecht: "Du drehst alles um, Willem. Du hast doch

Der Hauptmann von Köpenick 67

zuerst jeschlagen, widers Recht, und denn hat's dich jetroffen! Und das mit de Beförderung, daß muß eben sein! Da gibt's keine Beschwerde drüber! Die kriegen im Reichstag die Hölle heiß jemacht, wegen de Wehrvorlage und 'n Heeresetat, denn müssense 'n Etat kürzen, und denn trifft et eben mich, det is nu mal so" (104). Er ist völlig vom Staat überzeugt und hinterfragt die Ungerechtheiten gar nicht, denn das was passiert und was er macht ist für seine Heimat, was er Voigt auch sagt. Darauf erwidert Voigt an einer der wichtigsten Stellen in seiner Auseinandersetzung mit Hoprecht:

Mensch, ich häng an meine Heimat jenau wie du! Jenau wie jeder! Aber se sollen mir mal drin leben lassen, in de Heimat!! Denn könnt ich auch sterben für, wenn's sein muß! Wo is denn de Heimat, Mensch? In 'n Polizeibüro? Oder hier, ins Papier drinnen?! Ick seh ja gar keene Heimat mehr vor lauter Bezirke. (104)

Der letzte Satz ist offensichtlich eine Abwandlung der Redensart "den Wald vor lauter Bäumen nicht sehen" und bezieht sich nicht nur auf Voigts Frustration mit dem Staat, sondern auch auf die blinde Gesellschaft, die völlig von den Abstraktionen des Staates besessen ist. In dieser Aussage Voigts sehen wir den Unterschied zwischen Hoprecht und ihm. Voigt fühlt sich in seiner Heimat nicht zu Hause, weil es nicht zugelassen wird, daß er da lebt. Seine Kritik ist, daß es so schwer gemacht wird, vorwärts zu kommen. Er will dem Staat dienen, aber man ermöglicht es ihm nicht, als anständiger Mensch zu leben. Hoprecht hat dem Staat militärisch gedient und kann sich nicht von der geschriebenen Staatsordung trennen, auch wenn sie ihm gegenüber ungerecht ist.

Schließlich finden wir Voigt in einem Laden mit dem treffenden Sprichwortnamen "Kleider machen Leute", wo er sich eine Hauptmannuniform kauft und zwar die, die Obermüller einst getragen hat und die ursprünglich für den Hauptmann von

Schlettow geschneidert wurde. Er nimmt die Uniform mit, ohne sich in der Uniform zu betrachten. Als Hauptmann verkleidet, fährt er zum Köpenicker Rathaus, wo er darauf besteht, zum Amtszimmer des Bürgermeisters geführt zu werden. Die Angestellten, die einen Befehl eines Hauptmanns nie in Frage stellen würden, bringen ihn dorthin. Im Büro des Bürgermeisters sagt Voigt, daß er beauftragt wurde, den Bürgermeister in Haft zu nehmen, wobei er keine Erklärung gibt und nur sagt: "Befehl ist Befehl" (123). Obermüller versucht sich zu wehren, aber seine Diener hören auf den falschen Hauptmann. Er weiß, daß er sich nicht gegen den Staat streuben kann und meint: "Ich füge mich der Gewalt, Herr Hauptmann. Aber die Sache wird sich aufklären" (125). Hier sieht man, wie vor allem der Schein der Uniform das alte Sprichwort "Kleider machen Leute" in dieser "ordentlichen" Gesellschaft als unumstößliche Wahrheit gelten läßt.

In dieser Szene benutzt Voigt Sprichwörter und Redensarten wie "Befehl ist Befehl," "Ordnung muß sein," "wider den Strich gehen" und "kalte Füße haben," um seinen Befehlen als Hauptmann Gewicht zu geben. Keiner der Männer, die dem Staat dienen, hinterfragt, was er macht. Sie fragen noch nicht einmal nach seinen Papieren. Frau Obermüller ist die einzige Person, die danach fragt: "Ja, was hat er dir denn für Legitimation vorgezeigt?" Darauf antwortet Obermüller: "Legitimation? Ja, gar keine. Er ist doch Hauptmann" (129). Voigt kann ohne Probleme fortfahren, weil er wie ein Hauptmann aussieht, und weil er die Militärsprache perfekt beherrscht. Er weiß, wie er aussehen muß, wie er effektiv sprechen soll, und was er sagen muß. Er weiß, daß die meisten Bürger dem Staat nicht widersprechen würden, und daß sie, wie Hoprecht, ihr Schicksal ohne großen Kampf hinnehmen. Wie Charles Hoffman meint: "By now the 'little' man has learned to understand and, above all, to speak the language of his antagonists. Laughter comes from the fact that Voigt plays by the rules of the system and beats the authorities at their own game."[31] Obermüller will anfangs nicht

Der Hauptmann von Köpenick

in Haft genommen werden, aber kurz danach resigniert er, ohne daß er wirklich versucht hat, etwas dagegen zu unternehmen, weil er von der Legitimität des unechten Hauptmanns überzeugt ist. Was Voigt mit seiner Aktion eigentlich bewirken wollte war nichts anderes, als sich einen Paß von diesem Amt zu besorgen. Der Witz ist natürlich, daß auf diesem Büro keine Pässe zu erhalten sind. Als der Inspektor mehr über den Paß wissen will, meint Voigt: "Da ist nichts zu erklären bei. Ick brauche 'n endlich, damit ick mal zun richtiges Leben komme. Ick hab det satt." Darauf fragt der Inspektor: "Aha! Und da sehen Sie einer – doch wohl unvermeidlichen Freiheitsstrafe so ruhig ins Auge?" Voigt antwortet einfach: "Warum nich? Det jeht vorüber, det bin ick jewohnt. [...] Über de Grenze wär ick mit dem Jeld schon jekommen, aber denn kann ick nich mehr zurück und muß mir in fremde Erde begraben lassen. Nee, Nee. 'n Paß will ick, und denn will ick meine Ruhe haben" (143). Mit den Redensarten "etwas satt haben" und "seine Ruhe haben" zeigt Voigt genau, was seine Absicht mit dem Streich war, und daß er nicht mehr ohne den Paß, ohne seine Identität weiter leben kann. Das ist keine Freiheit für ihn.

Das Interessante an dieser Szene auf dem Polizeirevier ist, daß der Inspektor und die anderen Polizisten auf der Seite Voigts stehen und seine Geschichte großartig finden. Sie müssen ihre Pflicht tun und ihn verhaften, aber sie trinken noch einen Schnaps und fragen alles Mögliche über den Vorfall. Der Direktor meint zweimal, daß er Glück bzw. Dusel hatte. Als die Männer sich über Obermüller lustig machen, meint Voigt: "Sagense det nich, Herr Direktor! Der Mann is gar nich so uneben. Det wär Ihnen jenau so ergangen – det liecht in der Natur der Sache"(145). An dieser Aussage sehen wir, daß Voigt das System gut kennt, während die anderen es nicht für das, was es ist, ansehen. Sie können gut über Obermüller lachen, aber besonders als Diener des Staates und als die, die die Ordnung als Polizisten unterstützen und ausüben müssen, hätten sie höchstwahrscheinlich genauso reagiert. In seiner Interpretation dieses Dramas schreibt Anthony Grenville Folgendes über die Reaktion der Polizisten auf Obermüller: "It must be stressed that the Mayor (Obermüller) does not fall victim to Voigt's deception through some personal weakness or idiosyncrasy particular to him, but quite specifically, because the social and political conditioning common to his class has predetermined his reactions to authority in military uniform."[32]

Daß jeder auf dem Polizeirevier auf den falschen Hauptmann hereingefallen wäre, sehen wir gleich wieder, als Voigt die Uniform erneut anzieht, um sich endlich einmal selber zu betrachten. Als er die Uniform anhat, meint der Direktor: "Det is ja großartig. Das fährt einen in de Knochen, da steht man von selber stramm, was?" (147). Diese Aussage des Direktors, auch wenn sie ironisch gemeint zu sein scheint, ist sehr wichtig, denn sie besagt, worauf im ganzen Drama hingedeutet wird: Die Uniform bzw. die Hauptmannsuniform hat einen Zauber, der die Menschen verhext, so daß sie automatisch eine militärische Haltung annehmen. Die Gesellschaft ist uniformbesessen und von dem Glanz des Militärs so sehr beeinflußt, daß sie nicht mehr fähig ist, das große Bild zu sehen, oder besser, "sie können den Wald vor lauter Bäumen nicht sehen" – weder die Bürger wie Hoprecht, noch die Verbrecher wie Kalle.

Voigt ist der einzige Mensch im ganzen Drama, der sich zu etwas entwickelt. In der letzten Phase seiner Entwicklung wird Voigt frei. Als er sich im Spiegel betrachtet, kann er nur lachen, denn es ist für ihn unbegreiflich, wie man ihn ohne weiteres den Hauptmann hat spielen lassen. Er hat bewiesen, daß dem Sprichwort gemäß Kleider wirklich Leute machen, und daß man nach dem Aussehen beurteilt wird. Er hat die Ordnung beherrscht und sie gegen die, die die Ordnung bestimmen, benutzt, indem er ihre Sprache nachgemacht hat. Oder, wie Speidel meint: "This time, it is the very fact that society absolutely believes in order and discipline, which is reflected in its deep respect for the uniform, that is now exploited to assert the right

Der Hauptmann von Köpenick

and the importance of the individual."[33] Voigt hat die Mittel des Staates benutzt, um für seinen Paß bzw. seine Freiheit zu kämpfen. Sein Gewinn ist nicht nur für ihn ein Sieg, sondern es ist ein Sieg für die Menschheit im allgemeinen.

Wenn wir alle Sprichwörter und Redensarten, die sich in dem Drama befinden, in Betracht ziehen, erkennen wir einige Themen, die mehrmals auftauchen. Die wichtigste Aussage des Dramatikers ist "Wie du aussiehst, so wirst du angesehen," die durch weitere Sprichwörter wie "Kleider machen Leute" oder mit Redensarten wie "(fein) in Schale sein" unterstützt wird. Die Bedeutung des Aussehens in dieser Gesellschaft ist ein Problem, dem Voigt anfangs begegnete, wobei das Aussehen von Voigt später als Werkzeug benutzt wird, um Obermüller zu täuschen. Mit seinem Aussehen und seiner Verwendung der Militärsprache kann Voigt dann die Gesellschaft übertrumpfen.

Die Rolle des Militärs ist so stark in der Gesellschaft eingeprägt, was in der Volkssprache deutlich hervorgehoben wird. Sprichwörter und Redensarten wie "Ordnung muß sein," "Befehl ist Befehl," "Vorschrift ist Vorschrift," "in Reih und Glied stehen," "an der Reihe sein" und "den Kopf oben halten" werden von allen Menschen der Gesellschaft benutzt, egal ob jemand gedient hat oder nicht. Das heißt, die Militärsprache wird von allen beherrscht oder zumindest verstanden. Es gibt diejenigen, wie Schlettow und Obermüller, die so sehr vom Militär beeinflußt sind, daß sie fast nur solche volkstümlichen Redewendungen benutzen; aber es gibt andere, wie Hoprecht, die ein bißchen menschlicher, dafür aber auch schwächer sind. Bei Hoprecht ist es aber eindeutig, daß er ohne weiteres dem Staat gehorcht, wenn es darauf ankommt. Durch einige Redensarten wie "Pech haben," "im Stich lassen" oder "Glück haben" sehen wir, wie sich die Menschen gegenseitig nicht trauen, weil sie auf nichts zählen können. Man hat entweder Glück oder Pech, und man kann nie wissen, ob man von jemandem im Stich gelassen wird, auch wenn etwas versprochen wurde.

Carl Zuckmayer hat sich zeitkritisch mit Deutschland auseinandergesetzt, in dem er zeigt, wie blind man dem Staat gefolgt ist. "What frightens [Zuckmayer] is the recognition that a military mentality – passing the buck, using a caste system of rank and privilege, loving the giving of orders and showing one's authority to those of lesser position, instinctively obeying anything that comes down from above – has completely permeated the thinking and the behavior of the subaltern civilian bureaucracy."[34] Das Problem ist, daß es nicht exklusiv im Kaiserreich so war, sondern es ist eine Kritik, die auch an spätere Jahre, und an die Zeit, als das Drama geschrieben wurde, gerichtet ist. Zuckmayer hat sich absichtlich nicht unbedingt an die Fakten der dargestellten Zeit gehalten. Wir können vieles, was als Kritik in dem Drama hervorgehoben wird, zum Beispiel die blinde Gehorsamkeit, die Uniformbesessenheit und den Einfluß des Militärstaats auch in Bezug auf Nazideutschland sehen, wo die meisten Bürger dem Staat blind folgten. Einige der oben erwähnten militärischen Sprichwörter und Redensarten könnten auch aus dem Munde Hitlers und anderer Nazis kommen. In seiner Interpretation des Dramas meint Hoffman, daß die Wurzeln des Nationalsozialismus in der wilhelminischen Ära zu finden sind, und daß Zuckmayer dieses in seine Komödie *Der Hauptmann von Köpenick* eingewebt hat: "Zuckmayer was writing just as much about pre-Hitler Germany as he was about Wilhelminian Germany. The Berlin of the drama may be the Berlin of 1906, but it also very much the Berlin of 1930 and 1931."[35] In seiner Autobiographie äußert sich Zuckmayer persönlich folgendermaßen zu seinem Drama:

[...] und plötzlich ging mir auf: [die Köpenickiade] war mein "Eulenspiegel", der arme Teufel, der – durch die Not helle geworden ist –einer Zeit und einem Volk die Wahrheit exemplifiziert. Denn wenn auch die Geschichte mehr als zwanzig Jahre zurücklag, so war sie gerade in diesem Augenblick, im Jahre 1930, in dem die Nationalsozialisten als zweitstärkste Partei in den Reichstag einzogen und die Nation in einen neuen Uniform-Taumel versetzten, wieder ein Spiegelbild, ein Eulenspiegelbild des Unfugs und der Gefahren, die in Deutschland heranwuchsen – aber auch der Hoffnung, sie wie der umgetriebene Schuster durch Mutterwitz und menschliche Einsicht zu überwinden. [...] Eine Geschichte, auch im Komödienton, märchenhaft zu erzählen, schien mir der Weg, sie über den Anlaß hinaus mit überzeitlichen Wahrsinn zu erfüllen.[36]

Ob man das Drama als Zeitkritik gelten läßt oder als Satire sieht, Zuckmayers *Der Hauptmann von Köpenick* ist ein komplexes Werk, das zum Teil durch die volkstümlichen Sprichwörter und sprichwörtlichen Redewendungen eine überzeitliche Wirklichkeit erhält. Man kann sich noch heute mit dem Außenseiter identifizieren und sich über seinen Sieg freuen. Durch die Volkssprache hat Zuckmayer den Weg zum Herzen seines Publikums gefunden, so daß wir das Drama als die Geschichte eines verzweifelten Menschen, der schließlich sein Recht bekommt, erleben können. Die Bildhaftigkeit der Sprichwörter und Redensarten verleihen dem Werk eine gewisse sprachliche und gehaltliche Allgemeingültigkeit. Die Volkstümlichkeit dieses Dramas gehört zu einem der Hauptgründe, weshalb es auch heute noch zu einem der besten Werke Zuckmayers zählt. In seinem Aufsatz "Carl Zuckmayer und die Volkssprache" äußert sich Wolfgang Mieder allgemein über die Begabung Zuckmayers, die insbesondere auf den Hauptmann von Köpenick zutrifft: "Diese volkssprachigen Ausdrücke spiegeln als 'monumenta humana' in einfacher Sprache die Freuden und Leiden der Menschheit wider und verleihen den Werken Zuckmayers eine Volkstümlichkeit, die sie zu wahren Volksstücken hat werden lassen."[37]

Des Teufels General
"Ohne mit der Wimper zu zucken"

Daß *Des Teufels General* (1946) eines der beliebtesten Dramen über den Nationalsozialismus geworden ist, hängt damit zusammen, daß der Autor die Situation in Deutschland so realistisch dargestellt hat, daß sich das deutsche Volk im Stück wiedererkennen konnte. Obwohl Carl Zuckmayer zur Zeit der Niederschrift in Amerika gewohnt hat, hat er sozusagen "den Nagel auf den Kopf getroffen" in seiner Darstellung der Deutschen im Zweiten Weltkrieg. Zuckmayer war ein Menschenkenner und war sich als Patriot Deutschlands sehr bewußt über das Geschehen in seiner Heimat. Es war seine Absicht, das Volk in einem Drama widerzuspiegeln und somit zu versuchen, die junge, grausame Vergangenheit besser zu verstehen.

Als ein Drama über Nazideutschland leuchtet es ein, daß der Autor eines solchen Stückes sich mit der Sprache beschäftigen sollte, denn die Sprache war eines der Hauptwaffen der Nazis. Durch Manipulation der Volkssprache ist es Hitler und seinen Kumpanen gelungen, die Unterstützung der Deutschen zu gewinnen, denn sie redeten so, wie jeder sie verstehen konnte und womit sich jeder identifizieren konnte. Carl Zuckmayer benutzte seine Kenntnisse der deutschen Sprache, die für den Beruf als Dramatiker notwendig waren, um, wie Hitler, die Seele des deutschen Volkes zu erreichen. Es war ihm bewußt, daß die Sprache für das Naziregime lebenswichtig war, und daß sie auch im Theater von großer Bedeutung ist, denn es sind hauptsächlich die effektiv eingesetzten Wörter, womit man sich mit dem Publikum verständigen und dieses vor allem beeinflussen kann.

Zuckmayer benutzte seine Erfahrungen mit Menschen aus verschiedenen Klassen und Regionen in Deutschland im ersten Weltkrieg, um ein großes Bild von Nazideutschland zu malen. Seine gezielte Sprache machte es ihm möglich, in einer kurzen Zeit das Interesse von Tausenden zu gewinnen, denn es war "ein

Volksstück der politischen Ungemütlichkeit, die mit sich reden" ließ.[38] Die Figuren in dem Stück verwenden sowohl Jargon charakteristisch für die Zeit und ihre Herkünfte als auch Sprichwörter und Redensarten. Dieses Kapitel behandelt die Sprichwörter und Redensarten in Zusammenhang mit den Figuren als Interpretation des Dramas. Auch Variationen der Sprichwörter und Redensarten, vor allem die "Nazi-Sprichwörter;" werden in Betracht gezogen. Zuletzt werden die Sprichwörter und Redensarten, die mehrmals vorkommen und auch als "grundlegend" gekennzeichnet werden können, herausgearbeitet.

Ehe die Sprichwörter dieses Dramas überhaupt besprochen werden können, muß man den Hintergrund des Dramas untersuchen, vor allem weil die (Volks-)Sprache immer von der Zeit und der Geschichte abhängig ist und beeinflußt wird. Das heißt, daß man das Drama im Kontext betrachten muß, um die Bedeutung der Sprache bzw. der Sprichwörter und Redensarten zu verstehen. Der Anlaß, der Zuckmayer zum Schreiben dieses Dramas anregte, war der Selbstmord seines Freundes Ernst Udet, der ein General in Hitlers Luftwaffe war. Ernst Udet und Carl Zuckmayer hatten vieles gemeinsam: Sie wurden im selben Jahr geboren und kämpften im Ersten Weltkrieg. Beide waren angesehene Männer, die eine sehr starke Beziehung zu ihrem Vaterland besaßen. Aber sie waren auch beide skeptisch dem Nazismus gegenüber. Obwohl Udet gegen die Nazis war, hatte er dennoch das Gefühl, als könne er nicht aus dem Dienst austreten. Im Jahre 1936, beim letzten Treffen der beiden Kriegsfreunde in Berlin, meinte Udet zu Zuckmayer: "Ich [...] bin der Luftfahrt verfallen. Ich kann da nicht mehr raus. Aber eines Tages wird uns alle der Teufel holen."[39]

Im Jahre 1941 bekam Zuckmayer die Nachricht, daß Ernst Udet im Dienst ums Leben gekommen sei, und daß es ein "Staatsbegräbnis" geben würde. Zuckmayer, der sich mit Udet identifizieren konnte und dessen Tod ihm zu Herzen ging, nutzte diese Gelegenheit, seine Gefühle kreativ zu verarbeiten. So entstand Zuckmayers *Des Teufels General,* das erste kritische

Des Teufels General

Drama, das sich mit dem Krieg auseinandersetzte und gleich im Jahre 1947 in Deutschland auf die Bühne gebracht wurde. Zuckmayers Absicht war es, das deutsche Volk, das nach dem Krieg mit der jungen Vergangenheit fertig werden mußte, auf die Bühne zu bringen und zu versuchen, eine Erklärung für die grausamen Taten der Nazis zu finden. Er nutzte seine Exildistanz von Deutschland, um ein Bild des deutschen Volkes zu malen und zu einem Verständnis für dessen Irrwege unter Hitler zu kommen.

Zuckmayer wollte keineswegs eine Entschuldigung für die schlimmen Taten der vielen Bürger finden, die den Nazis nicht widerstanden haben, aber er wollte das große Bild hervorheben. Er meinte selber, daß er die Wahrheit darstellen wollte, so wie sie nicht in Dokumenten zu finden ist, sondern nur in der Literatur: "I had captured the truth which cannot be found in documents, only in literature, and which cannot be delineated with hatred, but only with love."[40] Natürlich gehen einige Fakten verloren, wenn man Geschichte auf die Bühne bringt, aber ein Drama ermöglicht es dem Dramatiker, eine andere Wahrheit hervorzubringen, die emotionelle Wahrheit, die man in den Geschichtsbüchern nicht zu lesen bekommt.

Des Teufels General sollte sowohl ein Urteil über die deutsche Vergangenheit als auch eine Auseinandersetzung mit dem schlechten Gewissen der Deutschen sein. Zuckmayer erweckte ein Bewußtsein in vielen Menschen, besonders auch in den jungen Deutschen, denn er zeigte viel Verständnis und gleichzeitig das Problem der Schuld:

Deutschland ist schuldig geworden vor der Welt. Wir aber, die es nicht verhindern konnten, gehören in diesem Weltprozeß nicht unter seine Richter. Zu seinen Anwälten wird man uns nicht zulassen. So ist denn unser Platz auf der Zeugenbank, auf der wir Seite an Seite mit unseren Toten sitzen – und bei aller Unversöhnlichkeit gegen seine

Prediger und Henker werden wir Wort und Stimme immer für das deutsche Volk erheben."[41]

Das deutsche Volk ist es, das Zuckmayer zeigen wollte, und das tat er auch mit großem Erfolg. Seine Erfahrungen im Ersten Weltkrieg unter den vielen verschiedenen Menschen dienten ihm, wie in seinen Stücken vor dem Zweiten Weltkrieg, zu einer wirklichen und lebensnahen Verbildlichung des Volkes. Das Faszinierende an dem Drama ist die Sprache, die Zuckmayer verwendet hat, um sein Volk darzustellen. Obwohl der Inhalt von *Des Teufels General* von vielen kritisiert wurde, waren alle von der "Treffsicherheit des Dichters in den feinsten Details"[42] beeindruckt. Marianne Kesting, die sehr kritisch gegenüber *Des Teufels General* eingestellt war, meinte sogar: "Kein Dramatiker konnte wie er, der gar nicht dabeigewesen war, so exakt den Fliegerjargon imitieren, keiner wie er die Stimmung in der Etappe so lebensnah auf die Bühne bringen."[43] Eine Äußerung eines Schriftstellerfreundes, Alexander Lernet-Holenia, der von dem Manuskript zutiefst beeindruckt war, faßt die "unerwartet lebensecht getroffene Kriegsatmosphäre"[44] in einem Satz zusammen: " 'Du bist nie fortgewesen.' "[45]

Das Hauptproblem des Stückes beziehungsweise das, was am meisten von den Kritikern kritisiert wurde, war die anscheinende Idealisierung der Hauptfigur Harras. Aber Zuckmayer wurde von vielen treuen Anhängern unterstützt, denn man wußte zwischen den Zeilen des Dramas zu lesen. Seine Aufgabe als Dramatiker war es, gewisse Berührungspunkte der Zuschauer zu erregen, nicht die nackte Wahrheit zu predigen. "Daß in der Vergegenwärtigung auch die Verstrickungen der Gegenwart erhalten bleiben, ist so lange natürlich, ja menschlich, als man vom dramatischen Dichter nicht die Funktion des jüngsten Gerichtes erwartet."[46]

Man darf aber nicht vergessen, daß der Held eine sehr persönliche Bedeutung für den Autoren hatte, denn Harras war nicht nur die Verkörperung seines verstorbenen Freundes Ernst

Des Teufels General

Udet, sondern zum Teil auch eine Verbildlichung von Zuckmayer selbst: "Einen Dichter erkennt man an der Art der Helden, die er für seine Werke auswählt, und am Grad der Liebe, die er diesen Helden zuwendet. Denn die Helden der Dichter, zumindest der neueren, sind die Gestalt gewordenen Wunschbilder dieser Dichter."[47] Harras besitzt viele Eigenschaften des Autors, wie "Saufen, die Freundestreue, das rasche Entflammtsein von jungen Mädchen, die Verführer-Allüren. Die absolute Respektlosigkeit vor sogenannten Respektspersonen, der Leichtsinn, die souveräne Verachtung der Gefahr, die 'Schnauze,' die behutsame Hand für junge Menschen, und andres: Gutes, Indifferentes, Törichtes, Großartiges und Liebenswertes."[48] Außerdem entspricht Harras einer Seite des Autors, die Zuckmayer als Literat nicht so stark in sich selber entwickelt hat, nämlich dem "Mann der Tat."[49] Carl Zuckmayer sah in Harras den deutschen Helden, der er nie geworden ist.

Da das Thema dieses Stückes sehr umstritten und vor allem auch auf verschiedenen Ebenen zu verstehen ist, gibt es mehrere Möglichkeiten das Drama zu interpretieren. Jedoch wird hier hauptsächlich die Sprache bzw. die *Volks*sprache in Betracht gezogen, denn in unserer Sprache gibt es oft Hinweise auf die Hintergründe der verschiedenen Menschen und ihrer Handlungsweisen. Man kann viel Information von der *Art* des Sprechens entnehmen, da die Metaphern und Ausdrücke, die die Menschen benutzten, eine Verbildlichung von dem sind, was in ihren Gedanken stand. Indem die Sprichwörter und Redensarten hier in Zusammenhang mit der Handlung des Dramas untersucht werden, können wir uns selber ein Bild von der Situation des deutschen Volkes im Dritten Reich machen. Im allgemeinen enthalten die Sprichwörter und Redensarten, wie schon vorher erwähnt, emotionelle Wahrheiten. Die Figuren, die diese Ausdrucksweisen benutzen, erzählen *ihre* Geschichte in ihren eigenen Worten. In ihrer Sprache wird eine Zeitepoche widergespiegelt und dadurch auch festgehalten.

Die Figuren, die in Carl Zuckmayers *Des Teufels General* vorgestellt werden, entsprechen je einem Teil der Gesellschaft und der Gesellschaftsschichten in Nazideutschland. Zuckmayer impliziert, daß jeder Mensch, als Teil der Gesellschaft, entweder direkt oder indirekt Verantwortung an dem Erfolg der Nazis hatte. Darauf wird sofort im Titel des ersten Aktes, "Höllenmaschine," hingewiesen. Der Nationalsozialismus wird als Maschine dargestellt, und jede Figur ist ein Teil der Maschine, das heißt jeder ist mit dem Nazismus verbunden. Es ist das Volk, das die Maschine ins Rollen setzt und ihr Feuer gibt. Die Absicht des Verfassers ist es, die verschiedenen Klassen und Schichten zu personifizieren, das heißt, er gibt jeder Figur, die einem gewissen Repräsentanten der Gesellschaft entspricht, sowohl einen Namen als auch eine Identität. Dadurch können sich die Zuschauer und Leser gleichzeitig etwas besser mit dem Geschehen identifizieren, aber auch Abstand halten und das Verhalten der Figuren kritisch betrachten. Dabei lassen sich die Figuren in drei Kategorien einteilen: (1.) die Anhänger des Nationalsozialismus, (2.) die Gegner der Nationalsozialisten, und (3.) die Mitläufer.[50]

Das Drama zeigt eine deutliche Einteilung der Menschen und der Gesellschaft, was wiederum ein Verständnis der Situation in Deutschland fördert. Es gibt diejenigen, die sehr überzeugt den Nazis folgen, wie z.B. der Kulturleiter Dr. Schmidt-Lausitz, "Pützchen" und der Fliegeroffizier Pfundtmayer. Die nächste Kategorie der Figuren entspricht den Menschen, die sich gegen die Nazis gewehrt haben, wobei Oderbruch, ein Ingenieur im Luftfahrtministerium, und der Fliegeroffizier Hartmann mit einbeschlossen sind. Dann gibt es die Menschen, die aus oberflächlichen und materialistischen Gründen die Nazis unterstützten, wie der Präsident des Beschaffungsamtes für Rohmetalle Sigbert von Mohrungen und Baron von Pflunk. Diese beiden stehen zwischen den Anhängern und den Mitläufern: sie unterstützen zwar die Nazis auf der finanziellen Ebene und denken, sie werden dadurch selber finanzielle Vorteile haben, aber sie

Des Teufels General

sind nicht von der *Mentalität* des Nationalsozialismus überzeugt. Zu den Mitläufern gehören die Hauptfigur Harras, der der General der Flieger ist, Lüttjohann, Korrianke sowie Herr und Frau Eilers, die die Verbreitung der Macht der Nazis weder fördern noch verhindern.

Die Anhänger und die Gegner des Nationalsozialismus entsprechen beide einer radikalen Einstellung und stellen eine gewisse Macht dar. Die überzeugten Nazis sind mächtig, weil sie sich die Macht nehmen, aber die wahren Gegner sind ebenso mächtig, weil sie den Mut haben, gegen das Böse und das Grauenvolle anzutreten. Was die beiden Gegenpole gemeinsam haben, ist nicht nur Macht, sondern auch zerstörerische Handlungsweisen. Die radikalen Gegner werden keineswegs von Zuckmayer verherrlicht oder unterstützt, denn in ihrem Kampf gegen die Nazis werden "unschuldige" Menschen entweder verletzt oder getötet. Die Mitläufer, die zwischen diesen beiden radikalen Gruppen stehen, werden hin und her gezogen, und jeder versucht, sie auf seine Seite zu bringen. Diese Menschen, die sich in der Mitte befinden, sind schwach: sie können und versuchen weder die zerstörerischen Nazis noch die aggressiven Gegner des Nationalsozialismus zu übertreffen oder ihnen zu widerstehen.

Dr. Schmidt-Lausitz ist nicht nur ein sehr überzeugter Anhänger der Nationalsozialisten, sondern er ist als Propagandaminister auch ein sehr aktiver und treuer Diener des Nazisystems. Seine Aufgabe ist es, das deutsche Volk von dem Nationalsozialismus zu beeindrucken und seine Unterstützung zu gewinnen bzw. zu erzwingen. Hauptsächlich durch Manipulation des Volkes gelingt es den Nazis, die Menschen von ihrer Philosophie und ihren Idealen zu überzeugen. Obwohl die Taktik der Nazis von den meisten Menschen auf der Oberfläche schwer zu erkennen ist, ist die Handlung der Nazis gezielt. Dr. Schmidt-Lausitz ist sich dessen bewußt, daß er die Macht besitzt, das Denken des Volkes zu lenken, denn er sieht sich als unübertreffbar.

Seine Einstellungen seiner Position gegenüber der Gesellschaft werden in dem Drama deutlich durch ein Motiv hervorgehoben, das in zwei Redensarten von ihm ausgedrückt wird. In zwei verschiedenen Situationen benutzt Dr. Schmidt-Lausitzt die folgenden Redensarten, die sich mit der "Spitze" als Leitmotiv beschäftigen: "Einem die Spitze bieten" und "Die Spitze brechen." Die erste Redensart besagt soviel wie in Opposition zu etwas stehen und herausfordern, während die zweite ein Ende von etwas zu schaffen bedeutet. In dem Drama werden diese Ausdrücke beide in Zusammenhang mit der "Gerüchtemacherei" verwendet. Zuerst handelt es sich um eine Nachricht, die Harras von Eilers bekommen hat, nämlich, daß es in Moskau "Dicke Luft" (33)[51] geben soll. Um Harras zu beruhigen und die Fakten der Situation nicht mitzuteilen, gibt Dr. Schmidt-Lausitz seine einfache Erklärung für das Geschehen in Moskau:

Dr. Schmidt-Lausitz: Es handelt sich um geringe taktische Um-gruppierungen. Hauptsächlich der Witterung wegen. Wir waren im Propagandaministerium darüber orientiert. Der Sturm auf Moskau wird dadurch nicht wesentlich verzögert. Desto wichtiger ist unsre morgige Kurzwellensendung – um jeder Gerüchtemacherei die Spitze zu bieten. (33)

Durch die Verwendung dieser Redensart wird deutlich, wie viel Kontrolle die Nazis über das Denken des Volkes haben. Sie haben die Macht, die Menschen zu manipulieren und ihre Unterstützung durch Lügen zu gewinnen. Die zweite Redensart unterstützt diese Aussage. Bei einem Presseempfang nutzt Dr. Schmidt-Lausitz die Gelegenheit, ein Ende von den Gerüchten zu schaffen, was wieder auf seine Macht als Nazi und seine Fähigkeiten zu manipulieren zurückkommt:

Des Teufels General

Dr. Schmidt-Lausitzt: Jedenfalls ist mit diesem Presseempfang auch aller künftigen Gerüchtemacherei die Spitze abgebrochen. (79)

Lawrence: Vorschußdementi? Genau wie bei einer geplanten Invasion. (79)

Hier sehen wir auf zwei Ebenen die Macht, die die Nazis besitzen, das Volk zu beherrschen und zu beeinflussen: Auf der einen Seite wird das Denken der Menschen auf indirekte Weise gelenkt und manipuliert, wie in der ersten Redensart ausgedrückt wird. Auf der anderen Seite, was von der zweiten Redensart zu entnehmen ist, können die Nazis direkt (und *geplant*!) in das Leben des Volkes eingreifen, oder noch gezielter, wie Lawrence meint, das Leben der Deutschen *an*greifen.

Eine andere Figur, die so von den Nazis überzeugt ist, ist Pützchen, die Tochter von Sigbert von Mohrungen. Sie ist die Verkörperung der Ideale und der perversen Einstellungen der Nazis im Drama. Obwohl Dr. Schmidt-Lausitz sehr offen mit seinen Meinungen und Ansichten ist, wirkt Pützchen sehr krass und gefährlich. Sie ist als Mitglied des Bundes Deutscher Mädel ein aktiver Teil der "Maschine." Ihr Leben dreht sich um den Nationalsozialismus, aber der Hauptgrund scheint wegen der Vorteile zu sein. "Only where exposure to the Nazis has destroyed the moral fiber does the effect seem permanent, as with Pootsie, who is loyal to neither persons or principles."[52] Ein treuer Anhänger der Nazis kann das "gute" Leben genießen und sich "frei" bewegen. Diese Menschen konzentrieren sich aber nur auf die Oberfläche und sehen nicht, was für Folgen ihre Unterstützung des Regimes hat.

Pützchen ist von dem Nazismus verzaubert worden und hält sich an die Regeln und Ideale des Regimes. Ihr geht es immer darum, die "Beste" oder "Stärkere" zu sein, was in ihrer Sprache klar zu sehen ist. Sie versucht Harras vom Nationalsozialismus zu überzeugen und auf dessen Seite zu bringen, denn er besitzt viele Eigenschaften, die für die Nazis sehr schmackhaft wirken. Pützchen versucht Harras regelrecht zum Nazismus zu verführen und ist sehr geschickt mit den Ausdrücken, die sie benutzt, um Harras von seinen "Fähigkeiten" zu überzeugen:

Pützchen: Es gibt nicht so viele Männer auf der Welt. Richtige Männer. Es ist ein Jammer um sie. Hartmännchen zum Beispiel – das ist mir gar nicht leichtgefallen, ich hab ihn recht gern, er ist ein lieber Junge. Aber was soll ich mit ihm anfangen? Ein lieber Junge genügt mir nicht, auch wenn er noch so brav ist. Und die andern, die sind erst recht nichts wert. Ich stell mir einen Mann vor, der's schafft, der das Rennen macht – an der Spitze der Nation. Sie könnten es schaffen, Harry, Sie müssen es schaffen.

Harras: Was, den Ehrenvorsitz der KdF oder eine goldene Wandplakette in der Reichsfrauenschaft? Wollen Sie hier Propaganda machen? Suchen Sie sich einen anderen Pimpf.

Pützchen: ...Seien Sie doch kein Narr. Sie haben Blut, Rasse, Geist. Sie sind zum Herrschen geboren, zum Packen, zum Besitzen. Sie sind ja ganz gern ein Nazigeneral geworden, der Glanz, der Aufstieg, das hat Ihnen ja gepaßt. Warum nicht mehr? Sie könnten alle überflügeln. Sie haben das Zeug dazu! (122)

Die Redensarten, "das Rennen machen" und "das Zeug zu etwas haben" sind eng verbunden, denn es ist derjenige, der "das Zeug hat," der das Rennen macht. In dieser Auseinandersetzung sind viele "Ideale" der Nazis zu erkennen, wie zum Beispiel an der "Spitze" stehen, "Blut, Rasse und Geist" haben, das "Packen," "Herrschen" und "Besitzen," der "Glanz" und das "Aufsteigen". Hier steht auch wieder das Leitmotiv "die Spitze" im Vorder-

Des Teufels General

grund. Interessant ist auch Harras' Anspielung auf die Propaganda, denn es ist der Propagandaminister, der das Leitmotiv der Spitze zur Sprache bringt. Die Redensart "einen in die Tasche stecken" wird von Pützchen benutzt, um diese Idee weiterzuführen, und die Auseinandersetzung mit Harras zu vertiefen:

> Pützchen: ...Freiheit, Humanität – das ist doch Gefasel. Frei ist, wer die andern beherrscht. Es gibt nur zwei Parteien auf der Welt, die oben – die unten. Und wer unten liegt, der hat Unrecht, und verdient's nicht besser. Das ist die Wirklichkeit. Sie gehören hinauf. Ganz hoch hinauf!... Ja, zum Teufel, ich zeig Ihnen die Welt, man sieht sie nur von oben! Schaun Sie runter, Sie sind ja schwindelfrei. Schauen Sie doch die andern an: Schatten – Weichtiere – Mollusken! Und unsre Bonzen – tüchtige Kerle dabei – aber kein Format. Der Göring, ein eitler Kloß, der Milch, der Kesselring, und so weiter, ehrgeizige Halbleben, Leute wie mein Papa, eine Wachsfigur. Der Himmler hat Grütze, aber er ist kein Soldat. Wenn Sie wollen – Sie können sie alle in die Tasche stecken... In einem Jahr können Sie der Größte sein – die Macht hinterm Führer – und jeden abkrageln, der Ihnen nicht gefällt. Macht ist Leben. Macht ist Genuß. Mensch – wenn Sie zugreifen – ich mache Sie ganz groß!! (122-123)

Pützchens Engagement dem Nazismus gegenüber ist fast pervers, denn sie ist nicht nur von dem Glanz des NS verzaubert, sondern auch von dem Haß gegen die Juden angestochen worden. In Zusammenhang mit dem Judenhaß stehen Pützchens strenges Einhalten der Regeln und ihre "kalte" Seite. Sprichwörter und Redensarten wie "Wer nicht hören will, muß fühlen" und "der hat ihm auf die Finger geklopft" bringen diese krassen Merkmale Pützchens zum Vorschein. Mit dem Sprichwort bezieht sie sich auf Harras' Sturheit, denn sie ist ärgerlich, daß er sich nicht von ihr überreden läßt, sich mit ihr zusammenzusetzen. Sie benutzt dieses Sprichwort, um Harras zu drohen; wenn er sich nicht mit Pützchen zusammenschließt, wird er die Konsequenzen *fühlen*, das heißt, man wird ihn irgendwie bestrafen müssen. Die verwendete Redensart bezieht sich auf den amerikanischen Journalisten Lawrence, der Pützchen einige Fragen gestellt hat, nachdem sie sich die Freiheit genommen hat, Amerika zu kritisieren. Sie meint, sie wüßte über die Amerikaner Bescheid, denn sie habe in der NSRFF ("Sonderschulung für fortgeschrittene Reichsfrauenschaftsführerinnen, -anwärterinnen") davon gelernt. Sie warnt Lawrence aber, daß die Zensur ihm "schon auf die Finger klopfen" (106) würde, denn man darf nicht viel über die Nazis schreiben, schon gar nichts, was sich negativ anhört. Hier sehen wir wieder, welche Macht die Regierung hat, das Denken der Menschen zu manipulieren, was von dieser Bürgerin stark verteidigt wird.

Pfundtmayer ist ein weiterer Unterstützer der Nazis und als Fliegeroffizier auch ein aktiver und engagierter Anhänger. Diese Figur wird jedoch nicht so weit entwickelt wie Pützchen oder Dr. Schmidt-Lausitz, und die wenigen Sprichwörter und Redensarten, die er gebraucht, sind dementsprechend knapp und zutreffend. Was Pfundtmayer aber bietet und ihn von den anderen beiden unterscheidet, ist sein bayrischer Dialekt. Obwohl er nicht besonders sprichwörtlich ist, ist er ein hervorragendes Beispiel von Zuckmayers Talent, die Deutschen aus den verschiedenen Regionen sprachlich zu realisieren. Pfundtmayer bringt etwas Farbe in das Stück hinein, denn er ist in guter Stimmung und fällt wegen seines Dialekts auf. Außerdem benutzt er oft die Redensart "Sau haben," die nicht nur für seine Heimat charakteristisch ist, sondern schließlich auch kennzeichnend ist für Pfundtmayer selbst. Indem er diesen Ausdruck dreimal benutzt, kann man zu dem Entschluß kommen, daß er sich mehr auf das Glück verläßt und keine Verantwortung übernimmt. Dies wird mit dem folgenden Zitat unterstützt:

Des Teufels General

(Pfundtmayer erzählt, wie er mitten in einem Angriff am Odeonsplatz war, und wie sein "Nebenmann" tödlich verunglückt ist).

Lyra: Und Ihnen ist gar nichts passiert?

Pfundtmayer: Mir passiert nix. A Sau muß ma ham. Dös – schaun S', gnä Frau – is der Blutorden. Und wenn Sie dann erscht meine Narben sehen, vom letzten Weltkrieg. (46)

Diese Einstellung ist sehr problematisch und stellt viele ernsthafte Fragen, wie zum Beispiel "Warum haben viele Deutsche keine Verantwortung übernommen?" oder "Warum hat sich das Volk dermaßen von den Nazis ausnutzen lassen?" In dem Falle von Pfundtmayer und anderen, die im Ersten Weltkrieg gekämpft haben, unter anderem Harras (Ernst Udet!), gab es unter diesen Männern ein starkes Nationalbewußtsein, und sie fühlten sich ihrem Land gegenüber verpflichtet. Doch der Zweite Weltkrieg war anders, und man ließ sich oft mehr aus Feigheit und Bequemlichkeit alles von den Nazis gefallen statt aus Überzeugung dem Nazismus gegenüber.

In Nazideutschland gab es die Rechtsradikalen auf der einen Seite und deren Gegner auf der anderen. Oderbruch und Hartmann entsprechen den Gegnern der Nazis in diesem Stück, wobei Oderbruch sich als aggressiver und unvernünftiger Rebell entlarvt. Ebenso wie Pützchen das extrem Böse und Perverse der Nazis aufzeigen soll, stellt Oderbruch das eigentliche Grauenvolle der Rebellen dar, was wieder in seiner Sprache bemerkbar ist. Hartmann dagegen, ein junger Leutenant, der zuerst ein überzeugter Nazi und mit Pützchen verlobt war, entwickelt sich während des Stückes zur "Symbolfigur seines [Harras'] besseren Ichs."[53] Diese Figur stellt die erhoffte Zukunft Deutschlands dar – ein Deutschland, das unverdorben ist: "Through Hartmann Zuckmayer expresses a belief, if not directly in a new German humanity, then at least in the limits of Nazi indoctrination."[54] Hartmann ist der Beweis, daß nicht alle Deutschen den Nazis blind gefolgt sind und von den Versprechungen der Nazis bezaubert waren. Er ist die Verkörperung der Hoffnung und der Unverdorbenheit in dem Drama: "In him Zuckmayer saw the other Germany, the German youth in whom he placed his unbounded trust."[55] Um die Unterschiede zwischen Hartmann und Oderbruch hervorzuheben, läßt Zuckmayer das Sprichwörtliche bei Hartmann wegfallen. Es lohnt sich zu bemerken, daß die Anhänger der Nazis, abgesehen von Pützchen, hauptsächlich ältere Männer sind, die eine Verbindung zum Ersten Weltkrieg haben, wobei die Gegner überwiegend jung sind und nicht direkt vom Ersten Weltkrieg betroffen waren.

Als junger Fliegeroffizier wirkt Oderbruch nicht besonders sprichwörtlich, jedoch reichen das eine Sprichwort und die zwei Redensarten, die er in dem Stück verwendet, um seinem Charakter Ausdruckskraft zu geben und seine Absichten zu verkünden. Die radikalen Gegner haben ein sehr extremes, hartes und zum Teil auch negatives Bild der Welt im Sinne, weshalb sie rasch und ohne an die Konsequenzen zu denken handeln. Es ist, als hätten diese Rebellen die Hoffnung aufgegeben und als sähen sie keine anderen Möglichkeiten als Rache und Gewalt gegen das Böse oder gegen den Teufel. Um sich zu rächen, sabotiert Oderbruch einige Flugzeuge der Luftwaffe. Wenn er Harras von seinen Tätigkeiten unterrichtet, versucht er ebenso wie Pützchen, Harras auf seine Seite zu locken. Er hat keine Reue und gibt Harras eine Erklärung für sein Handeln:

Oderbruch: Wie kam es dazu? Sie kennen meine Geschichte. Familie – Tradition – Karriere – das brach zusammen, als ich jung war. [...] Als unser Staat zum Teufel ging, wurde ich Staatsangestellter. [...] eines Tages habe ich mich geschämt, daß ich ein Deutscher bin. Setdem – kann ich nicht mehr ruhen, bis – *leise* – bis es zu Ende ist.

Des Teufels General

Harras: Und die andern?

Oderbruch: Manche kamen aus Scham. Andre aus Wut, aus Haß. Wir werden weniger, statt mehr. [...]

Harras: Was ist die Losung? [...] Was ist das nächste Ziel?

Oderbruch: Zerstörung. Eine bittere Losung. Die einzige, die uns bleibt. [...] Wir werden alle fallen. (151)

Das, was Zuckmayer mit Oderbruch darstellt, ist das extreme Verlangen, etwas, woran man glaubt, egal wie durchzuführen; er ist ein "Symbol der Verzweifelung."[56] In diesem Gespräch kommt "die Wahrheit ans Licht," aber schon früher im Drama gibt es einige Hinweise auf die Ergebnisse von Oderbruchs radikalen Einstellungen und Taten. In einem Gespräch mit Harras deutet er schon vorher darauf hin, daß er die Situation in Deutschland durchblickt und bereit ist, den Widerstand in seine eigenen Hände zu nehmen. Interessant und äußerst wichtig an diesem Gespräch ist, daß es um die Flugzeuge geht, die untersucht werden sollen, ehe sie in die Luft steigen, aus Angst, man habe sie sabotiert. Dazu sagt Oderbruch nur Folgendes: "Ich habe es schon getan, auf eigene Faust, von zu Hause" (126). Die Redensart "auf eigene Faust," die in diesem Zusammenhang verwendet wird, weist auf Oderbruchs Persönlichkeit im allgemeinen hin.

Das Ironische an dieser Figur ist, daß, obwohl Oderbruch seine Taten verheimlicht und so viel Schaden anrichtet, er von der Wahrheit und Gerechtigkeit besessen ist. Er weiß auch genau, daß eines Tages alle seine Geheimnisse zum Vorschein kommen werden:

Harras: Sagen Sie mir die Wahrheit. Glauben Sie, wir werden sie finden? Die Wahrheit?

Oderbruch: Sie wird ans Licht kommen – eines Tages. (127)

Die Hinweise, die der Sprache Oderbruchs zu entnehmen sind, springen einem fast entgegen, wenn man sie genauer betrachtet, jedoch ahnt man zunächst nichts von seinem Vorhaben. Es ist erschreckend, wenn man erfährt, daß Oderbruch der Saboteur ist, denn man hält ihn während des Stückes keineswegs in Verdacht. Das zeigt wiederum, wie verkehrt und unehrlich die Menschen zu der Zeit waren, und daß die meisten nur ihr eigenes Wohlhaben im Sinne hatten. Oderbruch hat *sich* geschämt Deutscher zu sein, aber sein Benehmen und seine Rache ist ebenso brutal und pervers wie bei den Nazis. "Oderbruch represents the shame of a German who has gone beyond his person as such. Consequently, Oderbruch proves just as 'serious,' albeit in the opposite direction, as Schmidt-Lausitz."[57] Hier ist ein Mensch, der wie Hartmann gegen das Regime eingestellt ist, aber anstatt sinnvoll vorzugehen macht er durch seine Taten alles schlimmer. Im Endeffekt richtet er nur Schaden an und schafft weiteres Leiden. Das Tragische an dieser Person ist, daß er unvernünftig mit seiner Position in der Gesellschaft und mit seiner Macht umgeht und bewußt die Sache "auf eigene Faust" zu Ende führt.

Die Gruppe, die noch "übrig" bleibt, sind die Mitläufer, doch ehe die "wahren" Mitläufer besprochen werden können, sollen die Figuren in Betracht gezogen werden, die zwischen den Anhängern und den Mitläufern stehen, wie zum Beispiel Sigbert von Mohrungen und Baron von Pflunck. Diese Männer sind diejenigen, die Hitler aus Habsucht an die Macht brachten. Sie gehören zu den Menschen, die Hitler zu ihrem Vorteil benutzen wollten. Natürlich waren sie nicht unbedingt von den nationalsozialistischen Ansichten und Idealen überzeugt, aber sie sahen in Hitler einen Mann, der "das Zeug" hatte, das Volk mit seinen Reden und seinen Vorstellungen zu hypnotisieren. Für die, die

Des Teufels General

"an der Spitze" saßen, wie Mohrungen und Baron von Plunck, war die Idee, Hitler an die Macht zu bringen, vielversprechend. Obwohl nur Mohrungen von den beiden sprichwörtliche Ausdrücke verwendet, ist dieses Verhalten (das Unterstützen der Nazis nur zum eigenen Vorteil) deutlich erkennbar. Oft sind seine Aussagen so oberflächlich und der Situation nach unpassend, als ob er sich wirklich überhaupt keine Sorgen um die Zukunft Deutschlands machen würde. "Von Mohrungen represents all too patently the responsibility of his class and even repeats the slogans of the 20's and 30's with which the industrialists were won over by the Nazis."[58] Gleich am Anfang des Dramas, wo sich alle in einem Lokal treffen, meint er: "Hier sieht's ja aus – wie in Friedenszeiten. Da wird einem direkt warm ums Herz" (14). Dieses klingt sehr unbesorgt, als ob er sich über das Geschehen in seiner Heimat lustig machen würde. Jedoch nach und nach wird es ihm klar, daß die Sache ernsthafter wird, und daß er der Gewalt der Nazis gegenüber nicht mehr immun ist.

Indem die Industriellen sich von den Nazis abhängig gemacht haben und sich auf sie verlassen haben, um finanziell erfolgreich zu werden, haben sie die Macht über sich selbst verloren:

> Mohrungen: Unsere Leichtmetall AG. Waldhofen und Käfertal arbeitet hauptsächlich mit Legierungen. Und dann – das Kartellsystem ist eine Großmacht – aber es ist hundertprozentig von der Zusammenarbeit von den Regierungsstellen abhängig, die uns Umsatz und Preise diktieren. Man kann uns ohne weiteres den Hals zudrücken. (42)

Hier geht es Mohrungen immer noch mehr um die Geschäfte als um die Macht der Nazis im allgemeinen. Seine größte Sorge scheint aber immer nur das Materielle zu sein und nicht das Persönliche; das selbst noch kurz vor der Katastrophe gegen Ende des Stückes. Wie Pützchen versucht er Harras einzureden, daß es keine anderen Möglichkeiten gibt, als den Nazis zu folgen. Er meint, man könne nicht "wider den Stachel löcken," das heißt, man muß "mitlaufen," wobei die Moral keine Rolle spielt, denn, wie Mohrungen meint: "Man lebt doch nicht zum Spaß. Man muß doch Opfer bringen. Ich weiß – wir gehn alle vor die Hunde. Man hat keinen festen Willen mehr" (114). Mohrungen unterscheidet sich von den anderen "Mitläufern" durch seine enge Beziehung zu und sein aktives Mitarbeiten mit den Nazis. Die Mitläufer, zu denen unter anderen Harras, Lüttjohann, Korrianke, sowie Herr und Frau Eilers gehören, unterstützen die Nazis nicht noch wehren sie sich gegen sie. Diese Figuren entsprechen der Situation der meisten deutschen Bürger in Nazideutschland. Bei ihnen sind die wichtigsten Sprichwörter und Redensarten zu erkennen, denn diese Gruppe von Menschen wollte Zuckmayer vor allem mit seinem Drama besprechen und ansprechen. Von dem bisher Gesagten ist es somit nicht überraschend, daß Harras als Hauptfigur, die die meisten sprichwörtlichen Ausdrücke verwendet, sich in der letzten Kategorie befindet.

Die meisten Menschen während des Zweiten Weltkrieges waren Mitläufer, die zwar nicht unbedingt an die Nazis glaubten, aber eben nicht stark genug waren, gegen sie anzutreten. Das, was Zuckmayer mit seinem Drama schaffen möchte, ist keine Entschuldigung zu finden, sondern Klarheit zu schaffen und Verständnis zu ermöglichen. Er wollte auf "die Problematik des Pflichtbegriffs und des militärischen Gehorsams gegenüber einem Staat, der das Recht des Geistes und die Würde der freien menschlichen Persönlichkeit mit Füßen tritt,"[59] aufmerksam machen. Gleichzeitig aber sollte das Drama das Volk aufklären und zeigen, was für grauenvolle Folgen das "Nichtstun" hatte. Die Sprichwörter und Redensarten, die von diesen Menschen benutzt werden, sagen wieder sehr viel über die Einstellungen der meisten deutschen Bürger aus, die während der Nazizeit gelebt haben. Zu diesen gehören die zwei wichtigsten Ausdrücke, wie "ohne mit der Wimper zu zucken" und "die Haut

Des Teufels General

retten." Doch, ehe diese Redensarten besprochen werden können, sollen noch die fünf vorher erwähnten Figuren in Betracht gezogen und im Zusammenhang mit ihrer Sprache untersucht werden.

Die Nebenfiguren sind einzeln nicht besonders aufschlußreich, jedoch wird ihre Bedeutung klar, wenn man sie gemeinsam untersucht. Was von allen Figuren oft ausgedrückt wird, ist eine gewisse Ignoranz, das heißt, entweder wußte man über nichts Bescheid, oder man wollte aus Angst nicht Bescheid wissen. Viele Bürger waren anständige Menschen, wie Herr und Frau Eilers, die nichts Böses wollten und sich vieles gefallen ließen. Die Sprichwörter und Redensarten, die sie benutzen, zeigen, wie sie sich dem Regime hingegeben haben. Sie bleiben dem Regime aus einem starken Glauben an das Recht und an die Hoffnung treu, daß nach schlechten wieder die guten Zeiten folgen werden.

Eilers, der ein treuer Diener der Nazis war, scheint immer vorschriftsgemäß zu handeln. Er hat keine eigene Identität, sondern sieht sich hauptsächlich als Soldat, das heißt, er identifiziert sich nur mit seiner Arbeit, mit seiner Pflicht. Als Eilers und seine Frau Harras zum ersten Mal kennenlernen, wird dieses besonders klar:

> Harras: Und jetzt haben Sie den ollen Harry in Fleisch und Blut kennengelernt. Kleene Enttäuschung, was? Gar keine Würde für'n General. Und noch nicht mal Parteigenosse.

> Eilers: Na ja, in der Beziehung – denken wir vielleicht ein bißchen verschieden. Aber wo's drauf ankommt, da gibt's keinen Unterschied. Soldat ist Soldat. (20)

Es wird hier sehr deutlich gemacht, was ihm wichtiger ist, nämlich seine Position in der Gesellschaft als Soldat. Worauf es ankommt, sind nicht seine politischen Einstellungen, oder das, woran er wirklich glaubt und was ihn von anderen Menschen unterscheidet, sondern ihm ist nichts wichtiger oder wertvoller als einer von tausenden von Soldaten zu sein. Man merkt außerdem in seinen Gesprächen, daß ihm seine Pflicht über alles geht, sogar vor seiner eigenen Familie. Frau Eilers stellt die Frauen in Deutschland dar, die ihren Ehemännern durch dick und dünn beistehen. Sie unterstützt Eilers und alle seine Pflichten, auch wenn sie selber auf vieles verzichten muß. Frauen wie Anne Eilers hatten nur eines, worauf sie meinten wirklich zählen zu können, nämlich den *Glauben* an die Zukunft. Sogar als Eilers fast die Hofnung verliert, hilft sie ihm wieder auf die Füße und versucht in ihm das Positive wieder herzustellen, indem sie seine Worte, die er ihr einmal geschrieben hat, zitiert:

> Anne: "Daß dich nichts beirrt – nichts dich wankend macht. Daß Du glaubst, mit jeder Faser deines Innern. An Deutschland – an Dich selbst – an uns – an unsere Sendung. Wer glaubt, wird überleben. (45)

Diese Worte hatte Anne gelesen und hatte an sie geglaubt. Jedoch waren sie ihr indirekt von ihrem Mann eingeprägt worden, und sie meint selber, sie habe sie sogar auswendig lernen müssen, weil sie wahrscheinlich selber nicht daran geglaubt hat oder nicht vollkommen überzeugt war. Erst gegen Ende des Dramas, nachdem ihr Mann im Dienst tödlich verunglückt ist, kommen ihre wahren Gefühle zum Vorschein, wenn sie auf seine weisen Worte anspielt:

> Anne: Wir haben geglaubt. Wir mußten glauben – sonst hätten wir nicht gelebt. Wir haben gewußt, was vorging. Aber wir hatten es in Kauf zu nehmen. Eilers hat schwer genug damit gerungen. Wir dachten, daß alles Neue in Blut und Schmerzen geboren wird. Daß es die harte Schale ist, die es zu durchbrechen und abzustreifen gilt. Wir hatten Beispiele – wir suchten Parallelen. Menschen

wurden geopfert – Ketzer verbrannt – unschuldige Kinder getötet – Scheußliches begangen – in Zeiten der Erhebung – der Eröffnung neuer Welten – der großen Revolution. Und doch mußten sie sich drüber wegsetzen, die daran glaubten und Zukunft daraus machten. So glaubten wir. Das ist – vorbei. Jetzt ist mir nichts geblieben (145).

Anne weiß, was sie falsch gemacht hat, und die falschen Hoffnungen sind ihr nun bekannt. Dieses "Geständnis" ist sehr wichtig, denn hier sieht man, wie eine der Mitläuferinnen versucht, sich mit ihrer Schuld auseinanderzusetzen. Die Sprache ist wieder gezielt, und diese bedeutungsvolle Stelle dreht sich um eine bewußte Variation des Sprichwortes "Wer glaubt, wird selig." Hiermit wird kritisiert, daß das Volk an etwas Böses geglaubt hat. Sie sind den Nazis blind gefolgt, zuerst aus Bequemlichkeit, später aus Angst. "Here we find an almost existentialist, forced belief, possible only with the believer's eyes closed to the truth."[60]

Lüttjohann und Korrianke sind zwei weitere Figuren im Drama, die nur in ihrem eigenen Interesse handeln, ohne dabei an die Folgen ihres Handelns zu denken. Sie stellen aber auch die Einstellung vieler "Mitläufer" dar, und zwar vor allem durch ihre Sprache. Obwohl beide sehr verantwortungslos sind, wirken sie friedlich und teilweise unbefangen. Am Anfang des Dramas, wo sich alle auf einer Feier treffen, warnt Harras Lüttjohann, daß er sich nicht besaufen soll. Dazu meint der junge Mann nur "Keine Sorge. Ich tu nur so. Bin scharf auf'm Kasten" (20). Jedoch ist dies sehr ironisch, denn Lütttjohann ist alles andere als scharf. Mit dieser Redensart macht Zuckmayer eine allgemeine Aussage über das Volk, das nicht scharf genug war, die Nazis zu durchschauen. Etwas später, wieder im Gespräch mit Harras, macht Lüttjohann eine weitere Aussage, die dem Volk ganz allgemein entspricht. Er berichtet über die Situation in Rußland und erzählt, daß von Bock kalte Füße bekommen habe, und daß er aus dem Grunde verschwunden sei.

Das Problem, worauf hier angedeutet wird, ist das Nachgeben als Folge der Feigheit und Angst des Volkes. Wenn man kalte Füße hat, sucht man Wärme und Sicherheit. In Nazideutschland fand man eine vorübergehende und oberflächliche Wärme, und man hatte eine falsche und unechte Sicherheit. Obwohl man sich dieser unnatürlichen Sicherheit und Geborgenheit bewußt war, war es die schnellste und, für viele, die sicherste Lösung. Um selber gerettet und nicht denselben Gefahren ausgesetzt zu sein, gingen die Mitläufer harte und krasse Kompromisse ein: die Hauptsache war, daß die einzelnen Menschen und deren Familien überlebten – was mit anderen passieren würde, das versuchte man zu verdrängen und zu vergessen.

Ein optimales Beispiel dieses "Schicksals" ist die Situation des Chauffeurs von Harras, nämlich Korrianke, der (im Gegensatz zu Lüttjohann, der wegen seiner Stelle in der Luftwaffe direkter mit den Nazis zu tun hat) nur wegen seiner Tätigkeit in die Affäre hineingezogen wird. Diese Figur spielt eine extrem wichtige Rolle im Drama, was später näher untersucht wird. Hier sei aber schon darauf hingewiesen, daß in seiner Sprache Aussagen des Verfassers enthüllt werden, die wieder nur durch eine intensive Untersuchung entdeckt werden können. Zum Beispiel besagt die Aussage "Et kam wie der Blitz ausm Blauen" (75), die zwar im Kontext nicht zweideutig gemeint oder als mehrdeutig zu verstehen ist, sehr viel, wenn man das große Bild betrachtet. Diese Redensart deutet auf die Ignoranz der Menschen hin, die vieles nicht kommen sahen, oder kommen sehen *wollten*. Die Geschehnisse zu der Zeit kamen plötzlich, zumindest für die, die ihre Augen nicht öffneten. Daß man selber einen Anteil an dem "Krachen des Blitzes" haben könnte, daran dachte man nicht. Man sah bzw. man wollte sich als unabhängig vom Regime sehen, wobei das Volk alles andere als selbständig war.

Wie schon in der Besprechung von dem Ehepaar Eilers hervorgehoben wurde, ist das "Problem" das der *Wahrheit*. In Nazideutschland gab es wenige Menschen, die sich als vertrauenswürdig erwiesen haben; man konnte auf das Wort der meisten Menschen nicht zählen, vor allem, weil die Treue zu der Zeit dauernd im Schwanken war, immer der persönlichen "Sicherheit" entsprechend. In einem Gespräch zwischen Korrianke und Lüttjohann stellt der Chauffeur dem Hauptmann eine Frage – ob er an den berüchtigten Tod von Harras glaube. Um eine "wahre" Antwort zu erhalten, fragt Korrianke: "Hand aufs Herz – glauben Sie's? oder glauben Sie's nicht?" (76). Wenn eine Person von jemandem verlangt, die "Hand aufs Herz" zu legen, will sie die *reine* Wahrheit hören. Obwohl im Kontext des Dramas die Frage nicht kontrovers oder vieldeutig ist, ist dieses Verlangen absurd, wenn man es wieder in Verbindung mit dem Nationalsozialismus betrachtet. Die Nazis hatten kein Herz, im metaphorischen Sinne, worauf sie hätten ihre Hände legen können, und das Volk hat sein Herz zum größten Teil verloren.

Die Hauptfigur des Dramas, General Harras, ist die einzige Figur, die sich wirklich entwickelt und am Ende eine Lösung findet, wenn sie auch nicht unbedingt die richtige ist. "[D]ie Harras-Figur ist Zuckmayer im ersten Akt so gewinnend, dominierend und dimensioniert geraten, daß die meisten anderen Rollen zur Karikatur (Pützchen, Schmidt-Lausitz) oder zur Schablone (Eilers, Anne, Mohrungen, Pflungk) verkommen."[61] Als Hauptfigur ist Harras mit allen anderen Figuren verbunden. Er steht in der Mitte und ist zunächst ein wahrer Mitläufer. Was ihn von den anderen unterscheidet, ist seine Position in der Luftwaffe und unter den Nazis, und auch sein Potential, "an der Spitze zu sein." Er unterscheidet sich aber auch in dem Sinne, daß er vieles hinterfragt und nicht vollkommen blind durch die Welt geht wie die anderen Mitläufer. Er entwickelt sich nach und nach zum Gegner der Nazis. Wo die meisten Figuren in ihrem Kampf, Nazideutschland zu überstehen, die Moral vergessen, ist Harras derjenige, der sie wieder zur Sprache bringt.

Es ist nicht überraschend, daß Harras die meisten Sprichwörter und Redensarten benutzt, denn als Hauptifgur eines Dramas, das sehr von der Volkssprache abhängt, führt und zum Teil bestimmt er auch die Gespräche und Diskussionen. Durch seine

Herausforderungen und das Hinterfragen bringt er kontroverse Probleme ans Licht. Mit Harras gibt es aber einige Unklarheiten, die ihn letztendlich in einer Mittelposition lassen: Auf der einen Seite ist er gegen die Nazis und versucht auf seine Art und Weise zu handeln, doch auf der anderen Seite wird er sowohl von den Anhängern als auch von den Gegnern manipuliert.

In Harras sehen viele Menschen einen Führer. Er genießt einen hohen Rang in der Gesellschaft und wird von allen respektiert, jedoch will er diese Rolle gar nicht haben. Er versucht den Menschen beizubringen, für sich selbst zu denken und Probleme "richtig" zu lösen. Zum Beispiel meint er am Anfang des Dramas zu Lüttjohann, der etwas angeheitert ist: "Wenn ich mir's Maul verbrenne, brauchst du's lange nicht nachzumachen" (16). Wieder ist der Kontext weniger wichtig, aber die Redensart im allgemeinen ist im Zusammenhang mit Nazideutschland sehr bedeutungsvoll. Ein immer wieder auftauchendes Problem ist, daß die meisten Menschen aufgehört haben, für sich selbst zu denken. Das ist kein Wunder, vor allem, wenn die Naziführer fast göttlich dargestellt werden. Man glaubte, wenn man die Mächtigen imitieren würde, wäre man selbst sicher.

Harras als Hauptfigur leidet an dem Vertrauen, das er oftmals ohne weiteres Menschen schenkt. Auch seine teilweise sorglose Haltung bringt ihn in Schwierigkeiten. Harras hat keine Ahnung, daß die Sabotage in seinem Freundeskreis geboren ist. Doch für ihn besteht auch keine Möglichkeit, daß einer oder mehrere seiner Kollegen mit den schlimmen Taten verbunden sein könnten. Es ist ironisch, daß die drei Männer, auf die er meint bauen zu können, ihn zum Teil zerstören: "Der kleene Lüttjohann zum Beispiel – und Korrianke, mein alter Chauffeur, und Oderbruch. Das sind die einzigen, auf die ich bauen kann" (42). Die Verwendung dieser Redensart ist mit der folgenden verbunden, indem sie sich beide auf Oderbruch beziehen, und weil sie Harras' "blindes Vertrauen" andeuten:

Des Teufels General

Harras: Man muß ein paar einzelne Leute haben, auf die man sich verlassen kann. [...] Die hab ich. Oderbruch zum Beispiel. [...] Ich hab den Posten eigens für ihn geschaffen. Der ist unermüdlich, arbeitet Tag und Nacht – und er hat ein Auge, sag ich Ihnen, dagegen bin ich'n blinder Hesse. Dem entgeht nichts. (41-42)

Ohne es zu wissen, gibt Harras zu, daß auch er, wie die anderen Mitläufer, die Augen nicht offen behält, was natürlich von den Mächtigen ausgenutzt wird. Am Ende des Dramas verliert Harras aber alle Hoffnung, wenn er die Wahrheit erfährt. Oderbruch, der Harras auf seine Seite locken möchte, glaubt, daß er es schafft, Harras zu überreden. Wie Pützchen, läßt er nicht locker, denn er ist sehr von sich selbst überzeugt. Doch Harras gibt zum zweiten Mal nicht nach. Wo es darauf ankommt, bleibt er unerweichlich, und läßt sich nicht verführen. In dem Gespräch zwischen der Hauptfigur und Oderbruch verlangt Harras eine Erklärung für die grausame und unvernünftige Rache. Er kann Oderbruchs gewalttätigen Widerstand nicht verstehen und versucht ihm klar zu machen, wie rasch und unüberlegt seine Racheversuche sind:

Harras: Was Sie wollen, ist recht. Was Sie tun, ist falsch. Glaubt ihr, man kann einen schlechten Baum fällen, indem man die Krone schlägt? Ihr müßt die Wurzel treffen! Die Wurzel, Oderbruch! Und die heißt nicht Friedrich Eilers. Sie heißt: Adolf Hitler. (153)

Diese Variation des Sprichwortes "Der Baum fällt nicht auf einen Hieb" zeigt noch einmal seinen Willen, eine vernünftige Lösung zu finden, und verdeutlicht auch, daß er nicht mehr bereit ist, von verschiedenen Menschen ausgenutzt, manipuliert, angelogen und betrogen zu werden.

Die Krise, die sich am Ende enthüllt, beruht auf der Tatsache, daß Harras endlich die Augen aufgemacht hat und sieht, wie falsch die Welt ist. In seiner Enttäuschung aber verliert er die Hoffnung, je ein "normales" Leben in Deutschland führen zu können. Der einzige "Ausweg," oder der einzige Widerstand, den er leisten kann, ist Selbstmord. Nun wird er nicht mehr von Nazis mißbraucht und braucht als Flieger der Luftwaffe das Regime nicht mehr zu unterstützen. Das letzte Sprichwort, das Harras benutzt, ist eine Variation der beiden Sprichwörter "Wer dem Teufel einmal Quartier gibt, hat allezeit die Hölle im Hause" und "Wer den Teufel einmal nach Haus geladen hat, kann ihn sobald nicht los werden." Dieses Sprichwort ist sehr metaphorisch und spielt direkt auf den Titel des Dramas an. Es drückt Hoffnungslosigkeit und Schuldgefühle von Harras aus: "Wer auf Erden des Teufels General wurde und ihm die Bahn gebombt hat - der muß ihm auch Quartier in der Hölle machen" (154).

Nun ist Harras bereit, die Folgen seiner Taten als Nazigeneral zu akzeptieren. Er hat letztendlich alles in seiner Macht getan und bringt sich um. Daß er sich für ewig schuldig und verantwortlich fühlt, wird in diesem letzten abgewandelten Sprichwort festgehalten. "He is incapable of the sabotage or resistance of Oderbruch, but he is also incapable of capitulating to the Nazi Party. Caught between the one and the other, he is crushed. His suicide is an act of expiation, the price to be paid for having served the devil."[62]

Dieses Drama ist voller Sprichwörter und Redensarten, die nicht nur mehrmals vorkommen, sondern auch tiefere Bedeutungen verbergen. Wenn man viele dieser Sprichwörter und Redensarten unabhängig vom Text betrachtet und in Verbindung mit Zuckmayer und seinen Einstellungen gegenüber Nazideutschland sieht, erhält man eine neue Interpretation des Textes, die unterhalb der Oberfläche existiert. Bisher wurden viele kontextbezogene Ausdrücke der drei Gruppen (die Anhänger, die Gegner und die Mitläufer) untersucht. Es gibt jedoch einige sprichwörtliche Texte, die besonders wirkungsvoll und offensichtlich sind, und die es verdienen, näher betrachtet zu werden. Es gibt nämlich Varianten von Sprichwörtern und Redensarten, die sich direkt auf Hitler, Nazideutschland und die Juden beziehen, und die Situation in Deutschland weiter "erklären." Wenn man ein solches Drama, das sich mit dem Zweiten Weltkrieg beschäftigt, untersucht, darf man dabei die Opfer nicht vergessen und die "Monster" nicht "übersehen" oder unterschlagen. Das Stück konzentriert sich zwar hauptsächlich auf die Mitläufer und deren Fehler, aber es gibt viele, zum Teil versteckte Hinweise, die sich nicht nur auf die Nazis im allgemeinen, sondern auch auf Hitler, den "Teufel," beziehen. Es wird außerdem auch das Schicksal der Juden angedeutet, obwohl Zuckmayer sich nicht direkt mit den Torturen und der Mißhandlung der Juden befaßt. Diese Anspielungen sind wieder in der Sprache zu finden, wobei sie oft schwer zu erkennen sind. Viele der Sprichwörter und Redensarten, die sich mehr mit Nazideutschland auseinandersetzen, sind zum Teil in Hitlers *Mein Kampf*[63] schon anwesend, wobei sie im Drama nicht unbedingt von Nazis verwendet werden. Was sich aber herausstellt ist, daß einige der "Nazisprichwörter" oder "Slogans" von deutschen Bürgern gebraucht werden, wie "Kraft durch Freude" und "Blut und Boden". Der erste Slogan wird vom Restauranteur Otto verwendet, und zwar in bezug auf sein Geschäft:

Otto: Offiziell schließen wir auch um elfe, Herr Präsident. Haben wir alles nur Vatern zu verdanken. Seit Vater uns die Spezialerlaubnis für Privatgesellschaften verschafft hat, hat die Sache erst wieder 'n bißchen Zug bekommen. Kraft durch Freude, heißt es so richtig auch in unsrem Geschäft! (15)

Es ist hier schon am Anfang des Dramas offensichtlich, wie die Massen von Hitlers "Slogan" beeinflußt worden sind und wie seine Einstellungen und Ideale angenommen wurden. Hitler hat die Deutschen schon frühzeitig mit seiner Sprache hypnotisiert, und dieses "Kraft durch Freude" hat dem Volk, das unter den

Niederlagen des Ersten Weltkrieges und auch des Scheiterns der Weimarer Republik gelitten hat, wieder Mut und Hoffnung gegeben. Man muß in diesem Absatz aber auch beachten, daß der Hinweis auf den "Vater" sich ironisch auf einen spezifischen Nazi bezieht:

Mohrungen: Ich dachte, sein Vater lebt nicht mehr –

Harras: Wenn in Berlin von Vatern die Rede ist, lieber Präsident, so ist immer der dicke Hermann gemeint, unser Reichsmarschall mit'm Ersatzreifen um die Taille. (15)

Dieser Vergleich zwischen Nazi und "Vater" setzt die Nazis wieder an die Spitze, aber jetzt werden sie von einem "schwachen" Bürger auf den Gipfel oder an die "Spitze" des Berges gestellt. Indem man den Nazi Hermann Goering als Vater betrachtet, wird er automatisch auf eine hohe Position gesetzt.

Mit dem zweiten Nazislogan "Blut und Boden" kommt eine kritische Aussage des Künstlers Schlick zum Vorschein. Obwohl "Blut und Boden" zusammen mit "Fleisch und Blut" zu der Naziideologie gehört, wird es wie etwas Böses vom Künstler dargestellt. Er verwandelt das von den Nazis als gesund und stark betrachtete Bild Deutschlands zu einer dunklen und verdorbenen "Formel":

Schlick: Ich habe die Formel entdeckt. Die Urformel. Ich bin der einzige, der sie kennt. Blut fällt auf den Boden. [...] Der Boden schluckt es ein – wie ein Schoß den Samen. Das ist die Erzeugung des Bösen. Die Geburt allen Übels. Abels Blut floß auf den Boden – beim ersten Mord. Damit kam das Böse in die Welt. Das weiß jeder. Aber wieso hat niemand je bemerkt, daß es aus einer chemischen Bindung kommt? Blut – und Boden. (110)

Obwohl dieses Bild, das von Schlick gezeichnet wird, grausam, hoffnungslos und ekelhaft ist, ist er der einzige, der die Lage in Deutschland – die Gewalt, das Sterben und weiteres Perverses der Nazis – so deutlich zur Sprache bringt und so offen kritisiert. Man kann diese Darstellung als das Spiegelbild der Naziideologie betrachten: was auf der Oberfläche von den Nazis verherrlicht wird, wird von Schlick verdammt und als Wirklichkeit enthüllt. Wenn man diese Idee des Spiegels weiter führt, fällt auf, daß Schlick, als Künstler, das Gegenbild des Naziideals ist: er ist nicht der Ordnung unterworfen, er wird als schwach dargestellt, er lebt für sich, von den Regeln der Gesellschaft ausgeschlossen, und er ist ein Außenseiter.

Es gibt in dem Drama einen weiteren Hinweis auf das Zerstörerische der Nazis, der aber erneut sehr versteckt ist. Dieses Mal kommt es durch Harras zur Sprache, denn es handelt sich um die Luftwaffe, die nach und nach schwächer wird: "Ich zähle die Häupter meiner Lieben und sage: ab dafür. Es war einmal eine deutsche Luftwaffe. Die stärkste der Welt" (35). Diese Redensart ist aus Friedrich Schillers Gedicht *Das Lied von der Glocke* entnommen worden. In dem Gedicht handelt es sich um die Geburt des Menschen und dessen Lebenslauf. Jedoch bespricht das Gedicht die Macht der Natur und das Werk des "Meisters," der die Glocke gießt. Die Einleitung des Gedichts behandelt die Arbeit, die man als Mensch mit seiner "schwachen Kraft" schaffen kann. Die Glocke wird dann in Verbindung mit dem Menschen dargestellt:

Denn mit der Freude Feierklange
Begrüßt sie das geliebte Kind
Auf seines Lebens erstem Gange,
Den es in Schlafes Arme beginnt;[...][64]

Doch was als ein idyllisches Leben beginnt, wird nach und nach verdorben, bis es ganz und gar zerstört wird. Eine Stelle in dem Gedicht erinnert sehr an die Situation in Nazideutschland, genauer gesagt an Herrn und Frau Eilers, als Repräsentanten der (nazi-) deutschen Ehepaare:

> Der Mann muß hinaus
> Ins feindliche Leben,
> Muß wirken und streben
> Und pflanzen und schaffen,
> Erlisten, erraffen,
> Muß wetten und wagen,
> Das Glück zu erjagen.
> [...]
> Und drinnen waltet
> Die tüchtige Hausfrau,
> Die Mutter der Kinder,
> Und herrschet weise
> Im häuslichen Kreise, [...][65]

Die Vergleiche enden aber nicht damit. Hier haben wir das Bild einer Familie: Mann, Frau, Kinder – die ideale Familie. Nun besteht aber die Gefahr des Feuers, das die Macht hat, alles, was diese Familie besitzt, zu zerstören:

> Wohltätig ist des Feuers Macht,
> Wenn sie der Mensch bezähmt, bewacht,
>
> [...]
>
> Wehe, wenn sie losgelassen
> Wachsend ohne Widerstand
> Durch die volksbelebten Gassen
> Wälzt den ungeheuren Brand!
> Denn die Elemente hassen
> Das Gebild der Menschenhand.[66]

Des Teufels General

Das einzige aber, worum sich der Mann in seinem durch Feuer zerstörten Lande Sorgen macht, ist seine Familie und sein Wohlhaben:

> Einen Blick
> Nach dem Grabe
> Seiner Habe
> Sendet noch der Mensch zurück –
> Greift fröhlich dann zum Wanderstabe,
> Was Feuers Wut ihm auch beraubt,
> Ein süßer Trost ist ihm geblieben,
> Er zählt die Häupter seiner Lieben,
> Und sieh! Ihm fehlt kein teures Haupt.[67]

Wenn man das Gedicht betrachtet, fallen die Kontraste zwischen Stabilität und Zerstörung auf, und zwar mit der folgenden Textstelle als Höhepunkt:

> Jedoch der schrecklichste der Schrecken,
> Das ist der Mensch in seinem Wahn.
> Weh denen, die dem Ewigblinden
> Des Lichtes Himmelfackel leihn!
> Sie strahlt ihm nicht, sie kann nur zünden
> Und äschert Städte und Länder ein.[68]

Was an diesen aus dem gesamten Gedichtkontext herausgelösten Zitaten so unheimlich ist, sind die vielen Ähnlichkeiten mit Nazideutschland. Man könnte sagen, daß sie das Leben während des Krieges im allgemeinen charakterisieren, dennoch sind hier wichtige Motive festgehalten, die sich besonders auf Deutschland während des Zweiten Weltkrieges beziehen lassen. Wir sehen zuerst am Anfang wie friedlich die Welt ist, und wie unschuldig das Kind zur Welt gebracht wird, dann wie sich Mann und Frau zusammenschließen und das "Glück erjagen." Es gibt einige Parallelen mit dem Ehepaar Eilers: der Mann ist der Luftwaffe verpflichtet, während die Frau die Kinder erzieht und das Haus zusammenhält. Sie haben ihr Leben auf einem falschen Glauben aufgebaut, der sich auf Glück verlassen hat.

Das zweite Motiv ist das Feuer, das in *Des Teufels General* die Nazis oder das Regime symbolisiert, das "ohne Widerstand durch die volksbelebten Gassen wälzt." Wie das Feuer im Gedicht "Städte und Länder" einäschert, so wird Deutschland von der Asche der Konzentrationslager bedeckt. Was im Gedicht und auch im Drama so pervers hervorgehoben wird, sind die Reaktionen der Masse, die nur um sich selbst besorgt ist. Das grausamste an beiden "Situationen" ist, daß das meiste Unheil von Menschen angerichtet und von niemandem verhindert wird. Dieses ist auch mit einem weiteren Motiv verknüpft, nämlich mit den "Ewigblinden." Das Problem der "Blindheit" der Mitläufer wurde in dieser Arbeit schon untersucht, dennoch ist es interessant, die Verbindungen zwischen den Sprichwörtern und Redensarten immer wieder in Betracht zu ziehen.

Als Autor und Dramatiker ist es Carl Zuckmayer gelungen, durch die Sprache zum Gewissen des Volkes zu gelangen. Er besitzt die Fähigkeit, sein modernes Publikum zu manipulieren bzw. zu beeinflussen. Indem er immer wieder auf die Volkssprache zurückgreift, gewinnt er viele Möglichkeiten, seine Meinungen indirekt auszudrücken, ohne sich zu sehr auf das Volk zu stürzen. Sein sprachliches Talent und seine literarischen Kenntnisse machen es ihm möglich, uralte Gedanken wieder aufzugreifen, um tief unter der Oberfläche ernsthafte Kritik zu äußern. Allein der Satz "Der Wahn ist kurz, die Reu ist lang" in Schillers *Das Lied der Glocke* sagt so viel über die Nachkriegszeit und die Probleme der Deutschen zur Zeit der Uraufführung des Dramas *Des Teufels General* aus.

Es gibt in dem Stück weitere Hinweise auf literarische Werke, wie zum Beispiel Goethes *Faust*. Hitler hat in seinem Buch *Mein Kampf* die "Verteufelung der jüdischen Bevölkerung" in Zusammenhang mit Goethes Werk "erklärt," indem er die "Selbst-charakterisierung" Mephistopheles' auf die Juden über-

Des Teufels General

trägt: "[Ich bin] ein Teil von jener Kraft, die stets das Böse will und stets das Gute schafft."[69] Obwohl Zuckmayer nicht so offensichtlich aus *Faust* zitiert, benutzt er ein Sprichwort, das als geflügeltes Wort seinen Ursprung in Goethes Werk hat. Wieder ist Harras derjenige, der dieses Sprichwort verwendet: "Man glaubt zu schieben und man wird geschoben" (38). Dieses hat nicht direkt mit den Nazis zu tun, aber man kann es wieder zweideutig sehen. Es geht immer wieder um die Ignoranz und darum, daß sich die meisten Menschen keine ernsthaften Sorgen um ihre Taten oder "Un-" Taten machten.

Wie Hitler sich in seinem Buch auf Goethes *Faust* bezieht, werden die Nazis in Zuckmayers Drama oft entweder mit dem Teufel oder mit Gott verglichen, wobei die göttlichen Anspielungen meistens sarkastisch gemeint werden. Zum Beispiel wird das Sprichwort "Das walte Gott" im ersten Akt von Harras zu "Des walte Himmler" (14) umgeändert, wobei er sich mehr über Himmler lustig macht als alles andere. Trotzdem weist dieses wieder auf die Position Himmlers in der Gesellschaft hin: Gott soll der Vater aller Menschen sein und besitzt somit eine ungeheure Macht, die, ebenso wie die Nazis in Deutschland während des Zweiten Weltkrieges, nicht hinterfragt wird.

In Verbindung mit den schon erwähnten Nazisprichwörtern und -redensarten stehen zwei sehr bedeutungsvolle Sprichwortvariationen, die sich auf die Situation der Juden beziehen. Zuerst handelt es sich um eine Variationskette des biblischen Sprichwortes "Wer einem anderen eine Grube gräbt, der fällt selbst hinein":

Dr. Schmidt-Lausitz: Wer mit Juden umgeht, ist selber ein Jude.

Harras: Und wer mit dem Schwein aus einem Trog frißt, ist selbst ein Schwein.

Pfundmayer: Du meinst, wer andern in der Nase bohrt, is selbst a Sau. Dös is a Witz. Hahaha.

Writzky: Wer andern in die Hose faßt, ist selbst bei der SA. (56)

Es ist nicht überraschend, daß Dr. Schmidt-Lausitz diese Sprichwortkette beginnt, denn seine Haltung gegenüber den Juden ist mit Hitler und Goebbels gleichzusetzen. Besonders gelungen ist aber Harras' schlagfertige Reaktion mit dem Vergleich der Nazis mit Schweinen. Das Interessante an dieser Auseinandersetzung ist Pfundmayers Anteil, vor allem als Anhänger des Nationalsozialismus. Es ist offensichtlich, daß er sich nicht ernsthaft mit den Aussagen beschäftigt, und daß sie mehr ein Witz für ihn sind. Jedoch ist seine Aussage wichtig, indem sie das [Sprich-]Wortspiel weiterführt, bis letztendlich die Nazis direkt von Writzky, einem anderen Fliegeroffizier, mit Anspielung auf ihre angebliche Homosexualität, angegriffen werden. Man kann dieses Wortspiel auch mit einer anderen Diskussion verbinden, wo es sich um die Spichwörter "Jeder kehrt vor seiner Tür" und "Mancher kehrt vor anderer Leute Tür und vor seiner nicht" handelt:

Mohrungen: [...] Es muß ja jeder zuerst vor seiner eigenen Türe kehren.

Harras: Gut – kehren wir. Sie als der Ältere und als mein Gast haben den Vortritt. Fangen Sie vor der Ihren an. Vor meiner Tür hat sowieso schon die Gestapo gekehrt, wie sie wissen dürfen. Und die kehrt anders rum. Den Dreck ins Haus. (112)

Diese Stelle bringt zwei bekannte Themen zur Sprache, die auch schon untersucht worden sind. Erstens behandelt Zuckmayer die Tatsache, daß man sich fast ausschließlich um sein eigenes Leben

Des Teufels General

kümmerte, das heißt, vor seiner eigenen Tür gekehrt hat. Die Herausforderung von Harras ist ernst zu nehmen, denn hier versucht er, Mohrungen dazu zu bringen, die Augen aufzumachen. Die Variation des Sprichwortes zeigt, wie sich die Gestapo, oder die Nazis, in das Leben der Menschen eingemischt haben und nur Unheil anrichteten bzw. nur "den Dreck ins Haus" kehrten. In dem letzten Satz in dem ersten Sprichwortspiel und im letzten Satz in dieser Auseinandersetzung zwischen Mohrungen und Harras wird das dreckige und perverse Einmischen der Nazis (der SA und der Gestapo) hervorgehoben. Im ersten "fassen sie den andern in die Hose" und in der zweiten bringen sie einem nur Dreck und überhaupt Schlechtes ins Haus.

Erwähnt werden soll schließlich auch ein erfundener Wellerismus, der von Harras benutzt wird, um eine krasse und kritische Bemerkung zu äußern: "Immer ruhig und tief atmen, hat der Doktor gesagt, als er den Gashahn aufdrehte" (85). Obwohl diese Aussage sich möglicherweise indirekt auf die Gaskammern in den Konzentrationslagern bezieht, wird sie nur nebenbei in einem banalen Gespräch mit Korrianke ausgesprochen. Dabei fällt auf, daß der Chauffeur sich gar nicht zu dem Wellerismus äußert, vielleicht, weil er die Implikationen gar nicht wahrnimmt, was uns zu der letzten und wichtigsten Redensart führt, nämlich "ohne mit der Wimper zu zucken." Diese Redensart fällt besonders auf, weil sie sechsmal in dem Drama benutzt wird, dreimal soviel, wie die sonst am häufigsten benutzten Sprichwörter und Redensarten, und weil sie fünfmal von derselben Figur verwendet wird, nämlich Korrianke:

Harras: Richtig, Der Zauberkünstler, der den Leuten das Herz rausnimmt wie ne Taschenuhr, repariert und wieder reinsteckt.
Korrianke: Ohne mit der Wimper zu zucken (50).

Harras: [...] Glauben Sie, daß Sie meinen Wagen zum Schuppen 35 durchfahren können, ohne kontrolliert zu werden?
Korrianke: Ohne mit der Wimper zu zucken (51).

Harras: [...] Schaffen Sie es allein?
Korrianke: Ohne mit der Wimper zu zucken (71).

Korrianke: [...] – Wenn [Harras] mir nich rausjeholt hätte – die hätten mir Stück für Stück fertiggemacht. Ohne mit der Wimper zu zucken (76).

Dr. Schmidt-Lausitz: *nimmt seine Mütze ab, dreht sich plötzlich mit einem scharfen Ruck zu Korrianke um, reicht ihm die Mütze:* Aufhängen.
Korrianke: Ohne mit der Wimper zu zucken (78).

Harras: Komm – küß mich – so –
Diddo: Ohne mit der Wimper zu zucken (93).

Es dürfte nicht überraschen, daß die wichtigste Redensart wiederholt von einer der Nebenfiguren benutzt wird, denn sie gibt den volkssprachlichen Grund für die Verbreitung der Macht der Nazis an. Der Chauffeur Korrianke ist die Epidemie der Mitläufer. Er geht durch die Welt und kümmert sich um nichts, außer wie er sein tägliches Brot verdienen wird. Was in seinem Vaterland vorgeht, das beschäftigt ihn nicht so sehr. Er ist kurzsichtig und hat nicht das große Bild in Sicht, ganz wie die meisten Bürger während des Zweiten Weltkrieges. Alles, was von ihm verlangt wird, das macht er auch, und zwar "ohne mit der Wimper zu zucken." Wieder ist der Gebrauch der Redensart auf der Oberfläche nicht sehr wirkungsvoll, jedoch ist, worauf sie hindeutet, sehr wichtig für ein Verständnis der Mitläufer.

In Hitlers *Mein Kampf* wurde diese Redensart ironischerweise in Zusammenhang mit den angeblich "zerstörerischen Juden"

Des Teufels General

benutzt. Es geht in dieser Textstelle um eine pervertierte Interpretation der deutschen Niederlage im Ersten Weltkrieg. "Doch gehörte es eben auch zur bürgerlichen 'Staatskunst' ohne mit der Wimper zu zucken, Millionen auf dem Schlachtfeld dem blutigen Ende auszuliefern, aber zehn- oder zwölftausend Volksverräter, Schieber, Wucherer und Betrüger [gemeint sind die Juden] als kostbares nationales Heiligtum anzusehen und damit deren Unantastbarkeit offen zu proklamieren."[70] Im Nachhinein ist es tragisch, daß im Zweiten Weltkrieg genau das Gegenteil passiert ist, nämlich daß Millionen von Menschen ums Leben gekommen sind, weil das deutsche Volk hinweggesehen hat und "ohne mit der Wimper zu zucken" gehandelt hat. Das ist die Hauptkritik, die im Drama immer wieder dargestellt wird, denn es ist dieser Umstand, der den Dramatiker am meisten betroffen hat. Zuckmayer meinte selber: "Sein Inhalt ist jedoch die tragische Situation, und schließlich die tragische Entscheidung, von unbescholtenen Menschen, die gezwungen sind oder sich, wie Harras, aus Leichtsinn dazu hergegeben haben, einer ihnen verhaßten Gewaltherrschaft zu dienen."[71] Das Stichwort in diesem Abschnitt ist das Wort "Leichtsinn." Ein Mensch, der etwas macht, "ohne mit der Wimper zu zucken," der ist leichtsinnig und denkt nicht an die Folgen seiner Entscheidungen und Handlungen.

An Hand der Sprichwörter und Redensarten, die in Zusammenhang mit den verschiedenen Figuren der drei Gruppen (die Anhänger, die Gegner und die Mitläufer) untersucht wurden, erkennt man, wie die Volkssprache der verschiedenen Menschen und Gesellschaftsschichten die Einstellungen der Figuren und die des Verfassers zu den Geschehnissen in Deutschland widerspiegelt. Es gibt immer wiederkehrende Motive, womit jede Gruppe identifiziert werden kann, wie zum Beispiel die der "Spitze" in Zusammenhang mit den Anhängern des Nationalsozialismus, die des "Alleinschaffens" ("auf eigene Faust") der Gegner des Natioinalsozialismus und die der "Leichtsinnigkeit" und "Blindheit" der Mitläufer ("ohne mit der Wimper zucken").

Carl Zuckmayer hat die Sprache gezielt benutzt, um die Lage Deutschlands im Zweiten Weltkrieg darzustellen und zu versuchen, die Wurzeln von solch einem grausamen und tragischen Ereignis aufzuzeigen. Er hat zwar die Schuld der "Mitläufer" anerkannt, jedoch hat er sie nicht direkt beschuldigt. Die Sprichwörter und Redensarten dienen in diesem Drama erstens dazu, um ein wirkliches und lebensechtes Bild von Deutschland und seinem Volk zu malen, und zweitens, um die Probleme, die aus verschiedenen Gründen in Nazideutschland existierten, zu verarbeiten. Mit den volkstümlichen Ausdrücken hat er seine kritischen Aussagen vor den meisten Menschen verkleidet, aber nicht ganz und gar versteckt. So konnten die Deutschen anfangen, sich mit der jungen Vergangenheit auseinanderzusetzen, ohne das Gefühl zu haben, direkt beschuldigt zu werden. Zuckmayer wollte nicht unbedingt spezifische Menschen ansprechen und die genauen Fakten wiedergeben, denn "ich wußte [...], daß ich kein Dokumentar-Stück schrieb. Daß es sich nicht darum handeln konnte, die tatsächlichen Vorgänge der deutschen Wirklichkeit, des deutschen Widerstandes vor allem darzustellen – sondern ihre Tragik zu symbolisieren."[72]

Carl Zuckmayers Mitgefühl und Vorliebe für die Gerechtigkeit haben es ihm ermöglicht, die erste dramatische Auseinandersetzung mit Nazideutschland zu schreiben. Die geniale Verwendung der sprichwörtlichen Volkssprache und die präzise Darstellung des deutschen Volkes haben dem Autoren Hochachtung und dem Drama Ruhm gebracht. Man kann nur hoffen, daß man die Aussagen Carl Zuckmayers zu Herzen nimmt, um zu versuchen, daß es nicht wieder zu einer solchen Katastrophe kommt.

Verzeichnis der Sprichwörter und Redensarten

Das folgende Register der 378 in dieser Studie genannten Sprichwörter und Redensarten zitiert zuerst die genaue Formulierung aus Carl Zuckmayers *Der Fröhliche Weinberg* (W), *Der Hauptmann von Köpenick* (H) und *Des Teufels General* (T) und danach den Beleg aus Karl Friedrich Wilhelm Wander (Wa), *Deutsches Sprichwörter-Lexikon*, 5 Bde. (Leipzig: F.A. Brockhaus, 1867-1880; Nachdruck Darmstadt: Wissenschaftliche Buchgesellschaft, 1964). Wo bei Wander kein Beleg gefunden werden konnte, wird verwiesen auf Georg Büchmann (Büchmann), *Der neue Büchmann: Geflügelte Worte*, hrsg. von Eberhard Urban, (Niedernhausen: Bassermann, 1994); Wolf Friederich (Friederich), *Moderne deutsche Idiomatik: Systematisches Wörterbuch mit Definitionen und Beispielen*, (München: Max Hueber Verlag, 1966); Heinz Küpper (Küpper), *Illustriertes Lexikon der deutschen Umgangssprache*, 8 Bde. (Stuttgart: Ernst Klett, 1982-1984); Lutz Röhrich (Rö), *Das große Lexikon der sprichwörtlichen Redensarten*, 3 Bde. (Freiburg: Herder, 1991-1992); Hans Schemann (Schemann), *Deutsche Idiomatik: Die deutschen Redewendungen im Kontext.* (Stuttgart: Ernst Klett, 1993); und Günther Drosdowski und Werner Scholze-Stubenrecht (Hrsg.), *Duden* (Du), *Redewendungen und sprichwörtliche Redensarten* (Mannheim: Dudenverlag, 1998).

AAS
1. Bist'n Aas uff de Geije. (H, 50)
   Rö, I, 53, Aas. Er is'n Aas uf de (Baß-) Jeije.

AFFE
2. Da laust dir der Affe. (H, 136)
   Rö, I, 70, Affe. Ich denke, mich laust (kratzt) der Affe. Ich dachte, der Affe soll mich lausen. Es war, als hätte mich der Affe gelaust.

ALLES
3. Da hört doch alles auf. (W, 314)
   Schemann, 14, Alles. Da hört doch alles auf!

AMOK
4. Wenn das Schicksal Amok läuft. (T, 126)
   Rö, I, 79, Amok. Amok laufen.

ANSTINKEN
5. Jejn Misthaufen kannste nich anstinken! (H, 47)
   Wa, I, 102, Anstinken 1. Stink' einmal einer gegen ein Fuder Mist an.

ARM
6. Da wern wir dir mal'n bißken unter de Achseln fassen. (H, 72)
   Wa, I, 129, Arm * 32. Einem unter die Arme greifen.

ARSCH
7. Einmal kneift jeder'n Arsch zu. (H, 105)
   Rö, I, 105, Arsch. Den Arsch zukneifen.

8. Herr Jennings kann mich, bei Mondenschein. (T, 10)
   Rö, I, 103, Arsch. Du kannst mir im Mondschein begegnen.

9. der kann mich. (T, 27)
   Rö, I, 103, Arsch. Du kannst mich (am Arsch lecken).

AUGE
10. Ick habse schon de janze Zeit heimlich im Auge jehabt. (H, 63)
    Rö, I, 113, Auge. Etw. ins Auge fassen, im Auge behalten.

11. Da hab mal'n bißken'n Auge drauf. (H, 73)

Rö, I, 113, Auge. Ein Auge auf etw. haben.
12. Glauben Sie vielleicht, wir hätten heute nacht ein Auge zugetan? (H, 79)
Schemann, 41, Auge. Kein Auge zutun.
13. Da bleibt kein Auge trocken. (T, 9)
Friederich, 151, Auge. Da blieb kein Auge trocken.
14. Hat die Domän schon e Aug drauf geworfe? (W, 253)
Rö, I, 114, Auge. Sein Auge auf etw. werfen.
15. Da gehn mir eigentlich erst die Auge auf! (W, 278)
Wa, I, 180, Auge *321. Die Augen gehen ihm auf.
16. Ma meint, so e Mädche hätt ke Auge im Kopp. (W, 291)
Du, 64, Auge. Keine Augen im Kopf haben.

AUSSEHEN
17. Wie de aussiehst, so wirste anjesehn. (H, 35, 37)
Unbelegtes Sprichwort.

BACKENZAHN
18. Du hast wohl lang keine Backzähne mehr geschluckt. (H, 49)
Küpper, I, 271, Backenzahn. Du hast wohl lange keine Back[en]zähne geschluckt?!

BAHN
19. Wer einmal auf die schiefe Bahn gerät. (H, 19)
Rö, I, 134 Bahn. Auf die schiefe Bahn geraten.

20. Stimmt... das mit de schiefe Bahn. (H, 19)
Rö, I, 134 Bahn. Auf die schiefe Bahn geraten.

21. Freie Bahn dem Tüchtigen. (H, 60)
    Rö, I, 134, Bahn, Freie Bahn haben.

BAMMEL
22. Vor dir ha'ck 'n mächtigen Bammel jehabt. (H, 73)
    Rö, 138, Bammel. Einen Bammel haben.

BART
23. Der hat'n eisgrauen Bart. (T, 53)
    Rö, I, 155, Bart. Einen Bart haben.

BAUEN
24. Auf die ich bauen kann. (T, 42)
    Wa, I, 254, Bauen *69. Es ist nicht darauff zu bawen.

BAUM
25. Glaubt ihr, man kann einen schlechten Baum fällen, indem man die Krone schlägt? Ihr müßt die Wurzel treffen! (T, 153)
    Wa, I, 278, Baum 133. Haue den Baum unten ab, oben sind se alle los.

BETT
26. Wie man sich bettet, so liegt man. (W, 308)
    Wa, I, 350, Bett 66. Wie du dein Bett machst, so magst du darauf schlafen.

BILD
27. Man ist im Bilde. (T, 106)
    Rö, I, 195, Bild. Im Bilde sein.

28. Ich bin im Bilde. (W, 256)
    Rö, I, 195, Bild. Im Bilde sein.

BLASS

29. Von dem wir keinen Dunst haben. (T, 70)
    Rö, I, 205, blaß. Keinen blassen Dunst haben.

    BLINDEKUH
30. Da soll er Blindekuh spiele, he? (W, 255)
    Rö, I, 217, Blindekuh. Blindekuh spielen.

    BLITZ
31. Et kam wie der Blitz ausm Blauen! (T, 75)
    Wa, I, 406, Blitz *22. Ein Blitz aus heiterm Himmel (heiterer Luft).

    BLUT
32. Det hat'n Preuße im Blut. (H, 67)
    Schemann, 91, Blut. Im Blut haben.

33. Wenn ein alter Wolf mal wieder Blut geleckt hat. (T, 39)
    Rö, I, 224, Blut. Er hat Blut geleckt.

34. Blut und Boden. (T, 110)
    Schemann, 92, Blut. Blut und Boden.

35. Das muß im Blut liege. (W, 310)
    Rö, I, 223, Blut. Das liegt mir im Blut.

    BOHNE
36. Der hat ja Bohnen jefrühstückt. (H, 35)
    Rö, I, 235, Bohne. Du hast Bohnen gegessen.

    BROT
37. Von Kunstjenuß alleene kann der Mensch nich leben. (H, 25)
    Wa, III, 598 Mensch 180. Der Mensch lebt nicht von Brot allein. (5. Mose 8,3; Mattäus 4,4)

BUCKEL
38. Mit all meine Vorstrafen aufn Puckel. (H, 20)
    Rö, I, 277, Buckel. Etw. auf seinen Buckel nehmen.
39. Ich hab'n breiten Puckel. (H, 103)
    Rö, I, 277, Buckel. Einen breiten Buckel haben.
40. 'n tüchtiges Alter hat se auffn Puckel. (H, 146)
    Rö, I, 277, Buckel. Viele Jahre auf dem Buckel haben.
41. Rutsch mir de Buckel enunner. (W, 268)
    Rö, I, 277, Buckel. Rutsch mir den Buckel 'runter.

BUNT
42. Nu wird's aber zu bunt. (H, 116)
    Rö, I, 280, Bunt. Mir wird es zu bunt.

BUSCH
43. Hab mir seitwärts in die Bische jeschlagen. (H, 24)
    Rö, I, 284, Busch. Sich seitwärts in die Büsche schlagen.

44. Daß Sie da hinterm Busch herumdrücken, wie ein hartleibiger Hühnerhund. (T, 63)
    Rö, I, 284, Busch. Mit einer Sache hinter dem Busch halten. (Eine Sache geheim halten).

DIENST
45. Vorschrift ist Vorschrift. (H, 15)
    Wa, I, 601, Dienst 15. Dienst ist Dienst.

46. Befehl ist Befehl. (H, 84)
    Wa, I, 601, Dienst 15. Dienst ist Dienst.

47. Befehl ist Befehl. (H, 123)
    Wa, I, 601, Dienst 15. Dienst ist Dienst.

Sprichwörter und Redensarten 119

48. Aber wo's drauf ankommt, da gibt's keinen Unterschied. Soldat ist Soldat. (T, 20)
Wa, I, 601, Dienst, 15. Dienst ist Dienst.

49. Krieg ist Krieg. (T, 52)
Wa, I, 601, Dienst. Dienst ist Dienst.

DING
50. Ick wer'n Ding drehen. (H, 26)
Rö, I, 322. Ding. Ein Ding drehen.

51. Wennste'n Ding drehen willst. (H, 26)
Rö, I, 322. Ding. Ein Ding drehen.

52. Das geht nicht mit rechten Dingen zu. (T, 41)
Rö, I, 322, Ding. Das geht nicht mit rechten Dingen zu.

DONNERWETTER
53. Donnerwetter-nochmal. (H, 27)
Rö, I, 324, Donnerwetter. Zum Donnerwetter noch mal!

54. Zum Donnerwetter. (W, 313)
Schemann, 130, Donnerwetter. Zum Donnerwetter.

DÜNN
55. Knuzius will sich dünn machen. (W, 311)
Rö, I, 344, Dünn. Sich dünne machen.

DURCHTRIEBEN
56. Der hat natürlich durch die Erbsensuppe gesehen. (T, 86)
Rö, I, 347, durchtrieben. Durchtrieben wie eine Erbsensuppe.

DUSEL
57. Da haben die Teltower ja noch mal Dusel gehabt. (H, 145)

Rö, I, 348, Dusel. Dusel haben.

ECKE
58. Wir wollen die Damen mal nett und leise clam heimlich um die Ecke bringen. (H, 95)
Rö, I, 351, Ecke. Einen um die Ecke bringen.

59. Um die nächste Ecke. (T, 36)
Rö, I, 351, Ecke. Ich traue ihm nicht um die nächste Ecke.

EISEN
60. Es ist Zeit, daß man sich zum rostige Eise schmeißt. (W, 257)
Rö, I, 372, Eisen. Zum alten Eisen werfen.

ERDE
61. Eins von uns kommt frühzeitig unner die Erd. (W, 256)
Du, 181, Erde. Unter der Erde liegen.

EXTRAWURST
62. Lieber Kutzmann, ich stehe auf dem Standpunt: keinem eine Extrawurst. (H, 119)
Rö, I, 408 Extrawurst. Für jemanden (k)eine Extrawurst braten.

FADEN
63. Dann is mir dat Fädche jerisse. (H, 50)
Rö, I, 410, Faden. Der Faden ist (ab) gerissen.

FALSCH
64. Du falsch Katz! (W, 262)
Rö, I, 413, Falsch. Falsch wie eine Katze.

FANG
65. Da ham wa ja'n schönen Fang gemacht. (H, 55)

Wa, I, 926, Fang *4. Einen guten Fang thun.

FAUST
66. Auf eigene Faust. (T, 126)
Friederich, 170, Faust. Auf eigene Faust.

FETT
67. Wenigstens hat der Knuzius auch sei Fett. (W, 291)
Rö, I, 437, Fett. Sein Fett kriegen (weg haben).

FETTNÄPFCHEN
68. Mehr kann kein Elefant ins Fettnäpfchen trampeln. (T, 35)
Wa, I, 992, Fettnäpfchen, [*1] Sie sind bei ihm sehr ins Fettnäpfchen getreten.

FEUER
69. Da jehn wir durchs Feuer für. (H, 105)
Rö, I, 439 Feuer. Für jem. durchs Feuer gehen.

FINGER
70. Nemse mal die Finger von die Dame. (H, 35)
Rö, I, 447, Finger. Die Finger von etw. lassen.

71. auf die Finger klopfen. (T, 106)
Wa, I, 1020, Finger, *100. Der hat ihm auf die Finger geklopft.

FISIMATENTE
72. Das warn doch nix wie Fizzemadende. (W, 303)
Rö, I, 453, Fisimatente. Fisimatente machen.

FLAMME
73. Mit deiner alten Flamme. (T, 52)
Rö, I, 455, Flamme. Eine Flamme haben.

FLEISCH
74. Wennse gedient hätten, wär Ihnen das in Fleisch und Blut übergegangen. (H, 40)
Rö, I, 459 Fleisch. Etw. ist mir in Fleisch und Blut übergegangen.

FLIEGE
75. So frech wie die Schmeißfliegen. (H, 16)
Wa, I, 1144, Fliege *3 Frech wie eine Mücke.

76. Der kann keine Fliege ins Spinnweb zappeln sehn. (H, 69)
Rö, I, 460, Fliege. Er kann keiner Fliege etw. zuleide tun.

FRECH
77. Frisch wie Oskar. (T, 87)
Rö, I, 472, Frech. Frech wie Oskar.

FRIEDEN
78. Ich traue dem Frieden nicht. (H, 113)
Rö, I, 476, Frieden. Dem (Land-) Frieden nicht recht trauen.

FRÜH
79. Lieber zu früh als zu spät. (T, 37)
Wa, I, 1236, Früh 2. Beter to froh as to lât.

FURZ
80. Du hast wohl'n Furz im Kopf. (T, 130)
Rö, I, 490, Furz. Einen Furz im Kopf haben.

FUSS
81. Ick kann ja nu mit de Füße nich in de Luft baumeln. (H, 22)
Rö, I, 493, Fuß. Auf schwachen Füßen stehen. (Variation)

Sprichwörter und Redensarten 123

82. Also die Herren Stadträte haben kalte Füße, was? (H, 132)
Rö, I, 493, Fuß. Kalte Füße haben.

83. Kalte Füße bekommen. (T, 33)
Rö, I, 493, Fuß. Kalte Füße bekommen.

84. Setz mir den Fuß auf den Nacken. (W, 300)
Rö, I, 492, Fuß. Jem. den Fuß auf den Nacken setzen.

GANG
85. Das alles geht seinen Gang. (H, 75)
Du, 230, Gang. Seinen Gang gehen.

GASHAHN
86. "Immer ruhig und tief atmen," hat der Doktor gesagt, als er den Gashahn aufdrehte. (T, 85)
Unbelegter Wellerismus.

GESCHICHTE
87. Nu machense mir die Jeschichten.. (H, 83)
Rö, I, 537, Geschichte. Geschichten machen.

88. Erzähl mir keine Geschichten. (T, 97)
Schemann, 256, Geschichte. Erzähl' keine Geschichten.

89. Das sind mir schöne Geschichten! Schöne Geschichten. (W, 269)
Sch, 256, Geschichte. Das sind ja nette (schöne) Geschichten.

GIFT
90. Da kennse Jift druff nehmen. (H, 22)
Wa, I, 1688, Gift, *25. Du kannst Gift darauf nehmen.

91. Können Sie Gift drauf nehmen. (T, 44)

Wa, I, 1688, Gift, *25. Du kannst Gift darauf nehmen.

GLAUBEN
92. Wer glaubt, wird überleben. Glaube! (T, 45)
Wa, I, 1708, Glauben, 110. Wer's glaubt wird selig.

GLEIS
93. Willem, du fährst aufn ganz falschen Gleis! (H, 102)
Rö, I, 553, Gleis. Aufs falsche Gleis geraten.

GLÜCK
94. Glück habense gehabt, das muß man sagen. (H, 145)
Rö, I, 559, Glück. Glück haben.

GLÜCKLICH
95. Glücklich ist, wer verfrißt, was nicht zu versaufen ist! (H, 134)
Wa, I, 1777, Glücklich 22. Glücklich ist, wer vergißt, was doch nicht zu erlangen ist.

GOTT
96. Man soll'n lieben Gott nich in de Nase kitzeln, sonst niest er. (H, 51)
Wa, V, 1371, Gott 2851. Man muss Gott nicht in sein Regiment greifen.

97. Des walte Himmler. (T, 14)
Wa, II, 100, Gott, *2420. Das walt Gott!

GRAS
98. Das Gras wachse höre. (W, 314)
Rö, I, 576, Gras. Das Gras wachsen hören.

GRILLEN
99. Dann fliegen die Grillen weg. (T, 54)

Rö, I, 583, Grillen. Jemandem die Grillen vertreiben.

GRUBE

100. Wer mit Juden umgeht, ist selber ein Jude. Und wer mit dem Schwein aus einem Trog frißt, ist selbst ein Schwein. Du meinst, wer anderen in die Nase bohrt, ist selbst a Sau. Wer anderen in die Hose faßt, ist selbst bei der SA. (T, 56)
Wa, II, 153, Grube, 6. Wer einem anderen eine Grube gräbt, der fällt selbst hinein.

HAHN

101. Eh die Hähne krähn. (T, 52)
Wa, II, 269, Hahn, *207. Ehe der Hahn krähet.

HALS

102. Wennste 'n Ding im Hals hast. (H, 47)
Rö, I, 734, Hals. Es im Hals haben.

103. Ohne weiteres den Hals zudrücken. (T,42)
Rö, I, 634, Hals. Einem den Hals stopfen.

HAMMELBEIN

104. Jetzt werdense dir die Hammelbeine lang ziehn. (H, 55)
Rö, I, 635, Hammelbein. Einem die Hammelbeine lang ziehen.

HAND

105. Sie haben doch jetzt mein ganzes Vorleben da in de Hand. (H, 21)
Wa, II, 319, Hand *659. Einen in seiner Hand haben.

106. Da kannste ja meiner Frau mal ins Jeschäft zur Hand gehn. (H, 73)
Wa, II, 319, Hand *656. Einem zur Hand gehen.

107. Er kann dir ja'n bißken zur Hand gehn, ins Jeschäft. (H, 74)
Wa, II, 319, Hand *656. Einem zur Hand gehen.

108. Hand aufs Herz. (W, 310)
Rö, II, 646, Hand. Hand aufs Herz!

109. Hand aufs Herz. (T, 49)
Rö, II, 646, Hand. Hand aufs Herz!

110. Hand aufs Herz. (T, 76)
Rö, II, 646, Hand. Hand aufs Herz!

HASE

111. Mein Name ist Haase und ick weeß von nischt. (T, 103)
Rö, II, 671, Hase. Mein Name ist Hase, ich weiß von nichts.

HAUPT

112. Zähle die Häupter meiner Lieben und sage. (T, 35)
Rö, II, 677, Haupt. Er zählt die Häupter seiner Lieben. (Vers aus Schillers "Lied von der Glocke.")

HAUS

113. Und fühl dir'n bißken zu Hause. (H, 68)
Friederich, 114, Haus. Sich (wie) zu Hause fühlen.

HAUT

114. Seine Haut retten. (T, 113)
Schemann, 328, Haut. Seine Haut retten.

115. Meine Haut zu retten? (T, 152)
Schemann, 328, Haut. Seine Haut retten.

HERZ

Sprichwörter und Redensarten 127

116. Herr Hauptmann sollten sich det nich so zu Herzen nehmen. (H, 68)
Rö, II, 704, Herz. Jem. soll sich nicht alles so (zu sehr) zu Herzen nehmen.

117. Der hat das Herz aufm rechten Fleck. (H, 69)
Rö, II, 705, Herz. Das Herz auf dem rechten Fleck haben.

118. Das Herz lacht mir im Leib. (W, 291)
Rö, II, 707, Herz. Jem. lacht das Herz im Leib.

HESSE
119. dagegen bin ich 'n blinder Hesse. (T, 42)
Wa, II, 625, Hesse, *8. Es ist ein blinder Hesse.
Wa, II, 625, Hesse, *9. He öss e blinder Hess.

HEUTE
120. Heite is heite. (H, 34)
Wa, II, 636, Heute 76. Heute ist heute, morgen ist ein unsicherer Tag.

HINTERBEINE
121. Jetzt stell dir man auf de Hinterbeine. (H, 73)
Wa, II, 672 Hinterbeine *2. Sich auf die Hinterbeine stellen.

HÖLLE
122. Die kriegen im Reichstag de Hölle heiß jemacht. (H, 73)
Rö, II, 730, Hölle. Einem die Hölle heiß machen.

HÖREN
123. Wer nicht hören will, muß fühlen. (T, 124)
Wa, II, 779, Hören, 78. Wer nicht hören will, muss fühlen.

HOSEN
124. Die Hose voll gehabt! (W, 287)
 Wa, II, 791, Hosen *56. Er hat die Hosen voll.

125. Ich hab die Hosen voll. (T, 36)
 Wa, II, 791, Hosen *56. Er hat die Hosen voll.

HUND
126. Wo liegt der Hund begraben? (H, 13)
 Wa, II, 879, Hund *1393. Da (hier) lieget der Hund begraben.

127. Wo der Hund begraben liegt. (T, 44)
 Wa, II, 879, Hund *1393. Da (hier) lieget der Hund begraben.

128. Wir gehn alle vor die Hunde. (T, 114)
 Wa, II, 881, Hund *1417. Dat gêt vör de Hunde. (Es geht verloren.)

HUNDELEBEN
129. Son Hundeleben. (H, 52)
 Rö, II, 756, Hund. Hundeleben.

HÜPFEN
130. Denn hippste wie'n junger Hase. (H, 33)
 Wa, II, 924, Hüpfen *4. Er hüpft wie eine Bachsteltze. (Variation)

131. Gehüpft wie gesprunge. (W, 271)
 Rö, II, 770, Hüpfen. Das ist gehüpft wie gesprungen.

JACKE
132. Det is for mir Jacke wie Hose. (H, 46)
 Wa, II, 974, Jacke *5. Das öss Jack wie Hos'.

JAGEN
133. Also mit dem Land kannst du mich jagen. (T, 25)
Friederich, 76, jagen. Mit etw. (od. damit, mit so was) kannst du mich jagen.

JAKOB
134. Stoß dir mal'n wahren Jakob runter. (H, 46)
Rö, II, 783, Jakob. Das ist der wahre Jakob.

JUGEND
135. Die Juu-uugend, sie kommt nicht mehr. (H, 85)
Wa, V, 1471, Jugend 203. Die Jugend geht bald vorüber.

JUNG
136. So jung sin ma doch nit mehr beisamme. (W, 280)
Rö, II, 788, Jung. So jung kommen wir nicht wieder zusammen.

JUNGE
137. Sie sind ja'n ganz schwerer Junge. (H, 18)
Schemann, 390, Junge. Ein schwerer Junge.

KALT
138. Dir mach'ck kalt! Kalt machn wer'ck. (H, 36)
Rö, II, 797, Kalt. Jem. kalt machen.

139. Den mach ich kalt. (W, 280)
Rö, II, 797, Kalt. Jem. kaltmachen.

140. Ich mach dich kalt. (W, 300)
Rö, II, 797, Kalt. Jem. kaltmachen.

KANDARE
141. Dann muß ich wohl die Kandare ziemlich straff ziehn. (W, 306)

Rö, II, 799. Kandare. Sich an die Kandare nehmen.

KARREN
142. Damit kriegen wir unsere Karre nicht aus dem Dreck. (T, 40)
Wa, II, 1147, Karren, *52. De Kar ut'm Dreck trecken.

KARUSSELL
143. Nee, nee, det is nu'n Karussell. (H, 21)
Rö, II, 813, Karussell. Mit jem. Karussell fahren.

KASTEN
144. Bin scharf auf'n Kasten. (T, 20)
Friederich, 116, Kasten. Etwas auf den Kasten haben.

KATZE
145. Raus mit de wilde Katz! (H, 50)
Rö, II, 818, Katze. Die Katze aus dem Sack lassen.

KAUF
146. Es in Kauf zu nehmen. (T, 145)
Wa, II, 1220, Kauf, *71. Das muss man mit in den Kauf nehmen.

KLAPPE
147. Halt schon die Klappe. (T, 109)
Rö, II, 846, Klappe. Halt' die Klappe.

KLAR
148. Das ist klar wie die Sonne. (T, 19)
Wa, II, 1367, Klar, *6. Das ist so klar als die Sonne.

KLAUE
149. In ihre Klaue zu kriegen. (T, 43)

Wa, II, 1370, Klaue *13. Was er einmal in den Klauen hat, bekommt man nicht wieder heraus.

KLEID

150. Kleider machen Leute. (H, 60)
Wa, II, 1379, Kleid 140. Kleider machen Leut.

151. Gemalte Schilder mit Inschriften: "Kleider machen Leute." (H, 107)
Wa, II, 1379, Kleid 140. Kleider machen Leut.

KLOTZ

152. Auf einen groben Klotz gehört ein grober Keil. (W, 272)
Wa, II, 1405, Klotz 1. Auf einen groben (harten) Klotz gehört ein grober (harter) Keil.

KNALL

153. Mit Knall und Fall. (W, 264)
Rö, II, 857, Knall. Knall und Fall.

KNOCHEN

154. Nehmense die Knochen zusammen. (H, 36)
Rö, II, 858. Knochen. Die Knochen zusammenreißen.

155. Da reißt der Spiegel de Knochen zusammen. (H, 42)
Rö, II, 858. Knochen. Die Knochen zusammenreißen.

156. Das geht ein'n in de Knochen! (H, 61)
Rö, II, 858, Knochen. Das ging mir in die Knochen, das ist mir in die Knochen gefahren.

157. Das fährt einen in de Knochen. (H, 147)
Rö, II, 858, Knochen. Das ging mir in die Knochen, das ist mir in die Knochen gefahren.

KOHLE
158. Klärchen sitzt auf heißen Kohlen. (W, 279)
Wa, II, 1459, Kohle *58. Auf glühenden Kohlen sitzen (stehen).

KOPF
159. Davor mußte'n Kopp haben. (H, 26)
Rö, II, 872, Kopf. Köpfchen haben.

160. Und halt'n Kopp oben. (H, 73)
Wa, II, 1522, Kopf *537. Den Kopf oben behalten.

161. Den Kopf oben behalten. (T, 37)
Wa, II, 1522, Kopf *537. Den Kopf oben behalten.

162. Der stellt noch die janze Welt uffn Kopf! (H, 137)
Rö, II, 870, Kopf. Sich auf den Kopf stellen.

163. Hautn aufn Deez. (H, 37)
Rö, II, 873, Kopf. Eins auf den Kopf bekommen.

164. Lassen Sie den Kopf nicht hängen. (T, 66)
Wa, II, 1522, Kopf, *534. Den Kopf hängen lassen.

165. Deshalb wolle wir aber die Köpp nit hänge lasse! (W, 280)
Wa, II, 1522, Kopf. *534. Den Kopf hängen lassen.

KORN
166. Über Kümmel und Korn. (T, 31)
Rö, II, 875, Korn. Kimme (Visier) und Korn.

KRACH
167. Aber wenn ich Walter sage, macht se Krach. (H, 112)
Rö, II, 876, Krach. Krach machen.

KRAFT
168. Kraft durch Freude, heißt es so richtig auch in unserm Geschäft. (T, 15)
Büchmann, 502, Kraft. Kraft durch Freude.

KRAGEN
169. Wenn's einem an den Kragen geht. (H, 89)
Rö, II, 876, Kragen. Es geht ihm an den Kragen.

170. Da platzt dich der Kragen mitsamt de Krawatte. (H, 136)
Rö, II, 877, Kragen. Ihm platzt der Kragen.

171. Hab oft genug den Kragen dafür riskiert. (T, 27)
Wa, II, 1562, Kragen *29. Mit'n Kragen betâlen.

KRUMM
172. Ich nehm's Ihnen nicht mal krumm. (T, 64)
Rö, II, 895, Krumm. Etwas krumm nehmen.

KURZ
173. Kurz und gut. (W, 253)
Wa, II, 1731, Kurz *40. Kurtz vnd gut.

LACHEN
174. Det wär ja nu jelacht. (H, 35)
Rö, II, 918, Lachen. Das wäre gelacht.

175. Dat wär jelacht. (W, 280)
Rö, II, 918, Lachen. Das wäre ja gelacht.

176. Ick lach mir dot, Kinder. (H, 136)
Rö, II, 917, Lachen. Sich krank (tot) lachen.

LANG
177. Wer lang hot, läßt lang hänge. (W, 254)

Wa, II, 1783, Lang 15. Wer lang hat, läßt lang hängen.

LAPPEN
178. Daß ihm die andere nicht durch die Lappen geht. (T, 94)
Wa, II, 1791, Lappen *19. Durch die Lappen gehen.

LAST
179. Ick mechte nich zur Last fallen, nich? (H, 68)
Rö, II, 930, Last. Einem zur Last fallen.

180. Meine Sie, ich wollt als alter Krüppel dene junge Leut zur Last falle? (W, 257)
Rö, II, 930, Last. Einem zur Last fallen.

LEBEN
181. Da jibt's wenigstens 'n bisken Leben in de Bude. (H, 45)
Rö, II, 940, Leben. Leben in die Bude bringen.

LEBER
182. Sag nur, Pfundtl, immer frisch von der Leber weg. (T, 26)
Wa, II, 1867, Leber *11. Frisch von der Leber weg reden.

LEIB
183. Das bin ich mit Leib und Seele. (H, 105)
Rö, II, 948, Leib. Leib und Seele.

184. Übern Menschen, mit Leib und mit Seele! (H, 105)
Rö, II, 948, Leib. Leib und Seele.

185. Ich hab's am eigne Leib erfahre. (W, 255)
Rö, II, 949, Leib. Etw. am eigenen Leibe erleben (erfahren, verspüren).

LEICHE
186. Sieht ja aus wie ne Leiche auf Urlaub. (H, 15)

Rö, II, 950, Leiche. Wie eine Leiche auf Urlaub.

LEITUNG
187. Lange Leitung, was? (H, 41)
Rö, II, 957, Leitung. Eine lange Leitung haben.

LICHT
188. Knuzius, dem langsam ein Licht aufgeht. (W, 312)
Rö, II, 959, Licht. Es geht ihm ein Licht auf.

LIEBE
189. Das macht der Liebe kein Kind. (T, 16)
Wa, II, 837, Liebe *833. Das macht der Lieben kä Kind.

LIEGEN
190. Bitte, wat liecht, liecht! (H, 47)
Wa, III, 188, Liegen 40. Wat liggt, dat liggt.

LUFT
191. Es liegt was in der Luft. (H, 113)
Rö, II, 978, Luft. Es liegt in der Luft.

192. Dicke Luft bei Moskau. (T, 33)
Rö, II, 978, Luft. Dicke Luft.

193. Halt emal die Luft. (W, 255)
Rö, II, 978, Luft. Halt die Luft an.

LUMPEN
194. Denn lumpen laß ick mir nich! (H, 33)
Rö, II, 982, Lumpen. Sich nicht lumpen lassen.

LUSTIG
195. Heite luistig, morjn kaputt. (H, 35)

Wa, III, 294, Lustig *31. Lustig, murgen hober wieder nischte.

MANN
196. So schwer es anfangs sein mag, wieder seinen Mann zu stellen. (H, 65)
Rö, II, 994, Mann. Seinen Mann stehen (oder stellen).

197. E Mann, e Wort. (W, 267)
Wa, III, 394, Mann 730. Ein Mann, ein Wort.

MANNA
198. Da muß es Manna in der Wüste regnen. (T, 14)
Küpper, V, 1848, Manna. Manna in der Wüste. (unverdient gewonnenes Kartenspiel. Manna ist das Himmelbrot, mit dem Gott die Juden in der Wüste gespeist haben soll.)

MANNESWORT
199. Manneswort und Mannestat. (W, 256)
Wa, III, 447, Manneswort [1]. Manneswort— ein eisern Hort.

200. Das is e Manneswort! (W, 310)
Wa, III, 447, Manneswort [1]. Manneswort— ein eisern Hort.

MARIE
201. Ça y est. Dicke Marie, pour nous. (T, 9)
Küpper, V, 1853, Marie. Dicke Marie. (viel Geld; wohl gefüllte Brieftasche)

MASS
202. Mein Maß war voll. (T, 77)
Wa, III, 492, Maß *103. Sein Maß ist voll.

MAUL
203. Denn mußte det Maul halten. (H, 105)
Rö, II, 1009, Maul. Halt's Maul.

MAUS
204. Da beißt de Maus keen Faden ab. (H, 59)
Rö, II, 1013, Maus. Davon beißt die Maus keinen Faden ab.

MENSCH
205. Schiffer bleibt Schiffer. (W, 259)
Wa, III, 619, Mensch 656. Mensch bleibt Mensch.

MESSERSCHNEIDE
206. Der Rehabilitierung auf des Messers Schneide. (T, 147)
Schemann, 542, Messer. Auf des Messers Schneide stehen.

MINUTE
207. Jetzt kommtse in letzter Minute! (H, 79)
Rö, II, 1036, Minute. In letzter Minute kommen.

MOHIKANER
208. Det sin de letzten Morikaner [sic]. (H, 25)
Rö, II, 1040, Mohikaner. Der letzte (der) Mohikaner.

MONTAG
209. Blauer Montag! (T, 90)
Rö, II, 1046, Montag. Blauen Montag machen.

MORGEN
210. Morge is auch noch en Tag. (W, 292)
Wa, III, 728, Morgen 17. Morgen ist auch wieder ein Tag.

MORGENSTUNDE
211. Morjenstund is aller Laster Anfang. (H, 32)

Wa, III, 733, Morgenstunde 4. Morgenstund hat Gold im Mund.

MUMPITZ
212. Is ja Mumpitz. (H, 51)
Rö, II, 1058, Mumpitz, Mach (red) keinen Mumpitz.

MUND
213. Wenn ich mir's Maul verbrenne, brauchst du's lange nicht nachzumachen. (T 16)
Wa, V, 1619, Mund *337. Sich den Mund verbrennen.
214. Das Maul will er uns verbiete? (W, 286)
Du, 496, Mund. Jmdm. den Mund/ (derb:) das Maul verbieten.

MUSIK
215. Wer keine Musik nich liebt, dat is'n schlechter Mensch. (H, 49)
Wa, III, 786, Musik 225. Wer die Musik nicht gern horet, ist ein Sauertopf undt ganz bethoret.

MÜSSIGGANG
216. Müßigjang hat Jold in Munde, wat? (H, 32)
Wa, III, 791, Müßiggang 17. Müßiggang ist aller Laster Anfang.

NÄCHSTE (DER)
217. Hierzulande is jeder sich selbst der Nächste. (T, 73)
Wa, III, 841, Nächst 1. E jêder äs sich sälwest um nêchsten.

NARR
218. Einen Narren dran gefressen. (T, 39)

Wa, III, 930, Narr *1225. Er hat einen (rechten) Narren daran (an ihm, ihr) gefressen.

NASE
219. Dem sticht auch der reiche Weinberg mehr in die Nas als dei Schönheit, Klärche.
Schemann, 572, Nase. Jem. in die Nase stechen.

220. Schnappt mir mei Klärche vorm Schnawwel weg? (W, 291)
Rö, II, 1081, Nase. Vor der Nase wegschnappen.

NESSEL
221. Wenn ich mich nit so bösartig mit ihm in die Nessel gesetzt hätt. (W, 301)
Rö, II, 1088, Nessel. Sich (gehörig) in die Nessel setzen.

NETZ
222. Es schlüpft kein Aal durchs Netz. (T, 141)
Sch, 579, Netz. Durch's Netz schlüpfen.

NICHTS
223. Nix für ungut. (W, 276)
Rö, II, 1094, Nichts. Nichts für ungut!

NUMMER
224. Du bist ne Nummer, Kalle. (H, 24)
Rö, II, 1102, Nummer. Eine große Nummer sein.

225. Der is ne erste Nummer un de zweite folcht sogleich. (H, 32)
Rö, III, 1569, Streich. Dieses war der erste Streich./ Doch der zweite folgt sogleich (Wilhelm Busch, *Max und Moritz*).

OHR

226. Sag ihm was ins Ohr. (W, 263)
Rö, II, 1116, Ohr. Jem. etw. ins Ohr sagen.

OHREN
227. Die ist schon verknallt in dich bis über die Ohren. (T, 49)
Wa, III, 1128, Ohren *95. Bis über die Ohren verliebt sein.

ORDNUNG
228. Ordnung muß sind. (H, 56)
Wa, III, 1149, Ordnung 31. Ordnung muss sein.

229. Ordnung muß sein. (H, 125)
Wa, III, 1149, Ordnung 31. Ordnung muss sein.

PECH
230. Soviel Pech darf'n Soldat nich haben. (H, 41)
Rö, II, 1145, Pech. Pech haben.

231. Pech haste! (H, 102)
Rö, II, 1145, Pech. Pech haben.

232. Mit Pech und Schwefel. (W, 264)
Rö, II, 1146, Pech. Pech und Schwefel.

PFEIFEN
233. Sie pfeifen ja ausm letzten Loch. Sie oller Piepfritze Sie! (H, 84)
Rö, II, 1162, Pfeifen. Er pfeift auf dem letzten Loch.

234. Ich pfeif drauf. (T, 94)
Wa, III, 1261, Pfeifen, *39. Ich pfeife drauf.

235. Ich pfeif auf die öffentliche Meinung. (W, 255)
Wa, III, 1261, Pfeifen, *39. Ich pfeife drauf.

PFLASTER
236. Det is keen Pflaster for mir. (H, 26)
Rö, II, 1174, Pflaster. Ein Pflaster kriegen.

PIEP
237. Einfach zum Piepen! (H, 15)
Rö, II, 1182, Piep. Etw. ist zum Piepen.

238. Et is zum Piepen. (H, 38, zweimal)
Rö, II, 1182, Piep. Etw. ist zum Piepen.

PUNKT
239. Jetzt machense mal'n Punkt. (H, 22)
Rö, II, 1210, Punkt. Nun mach aber einen Punkt.

RAHM
240. Den Rahm abschöpfen. (T, 84)
Wa, III, 1459, Rahm *3. Den Rahm von der Milch abschöpfen.

RAND
241. Haltense' n Rand. (H, 54)
Rö, II, 1224, Rand. Den Rand halten.

RAT
242. Aber nun ist guter Rat teuer. (H, 89)
Wa, III, 1473, Rath 165. Guter rath is tewer.

RECHT
243. Recht is, was Gesetz is, Willem. (H, 101)
Wa, III, 1539, Recht 42. Recht is, was Gott laibt (liebt).

244. Was richtig is, ick meine, wat Recht is, det sollt auch Recht sein! Nich!? (H, 101)
Wa, III, 1541, Recht 81. Was recht ist, muss recht bleiben.

245. Was dem einen recht ist, ist dem andren... (W, 286)
Wa, III, 1541, Recht 69. Was dem einen recht ist, das ist dem andern billig.

246. Ich sage, was dem einen recht ist, ist auch dem andren... (W, 287)
Wa, III, 1541, Recht 69. Was dem einen recht ist, das ist dem andern billig.

247. Was dem einen recht... (W, 287)
Wa, III, 1541, Recht 69. Was dem einen recht ist, das ist dem andern billig.

248. Was dem einen recht ist, ist dem andren... (W, 289)
Wa, III, 1541, Recht 69. Was dem einen recht ist, das ist dem andern billig.

249. Was dem einen recht ist, ist dem andren billig! (W, 290)
Wa, III, 1541, Recht 69. Was dem einen recht ist, das ist dem andern billig.

REDEN
250. Du hat gut reden. (W, 259)
Rö, II, 1235, Reden. Jem. hat gut reden.

REIHE
251. Er is nu wohl an der Reihe. (H, 70)
Wa, III, 1634, Reihe 9. Jetzt kommt die Reihe an dich.

252. Sie sind ja noch gar nich an der Reihe. (H, 82)
Wa, III, 1634, Reihe 9. Jetzt kommt die Reihe an dich.

253. Ich war an der Reihe. (H, 99)
Wa, III, 1634, Reihe 9. Jetzt kommt die Reihe an dich.

254. Du warst aber doch an der Reihe. (H, 101)
Wa, III, 1634, Reihe 9. Jetzt kommt die Reihe an dich.

255. In Reih und Glied. (H, 103)
Rö, II, 1239, Reihe. In Reih' und Glied stehen.

RENNEN
256. Der das Rennen macht. (T, 122)
Rö, II, 1242, Rennen, Das Rennen machen.

RÜCKEN
257. Wenn ihr mir jetzt in den Rücken fallt. (T, 10)
Rö, II, 1259, Rücken. Jemandem in den Rücken fallen.

RUHE
258. 'n Paß will ick, und denn will ich meine Ruhe. (H, 144)
Rö, II, 1262, Ruhe. Nur seine Ruhe haben wollen.

259. Ick mechte meine Ruhe haben. (H, 144)
Rö, II, 1262, Ruhe. Nur seine Ruhe haben wollen.

260. Aber er läßt mir ja Tag un Nacht kei Ruh! (W, 262)
Rö, II, 1262, Ruhe. Keine Ruh' bei Tag und Nacht.

SACHE
261. Kinder, det is ne Sache, wat? (H, 136)
Rö, II, 1268, Sache. Das is so ne Sache.

SAFTLADEN
262. Kiek ma den Saftladen. (H 30)
Rö, II , 1271, Saft. Das ist ein Saftladen.

SANG
263. Das kann nit so sang-un klanglos abgehe! (W, 282)
Rö, III, 1280, Sang. Sang- und klanglos verschwinden.

SATT
264. Ick hab' det satt. (H, 143)
Rö, III, 1282, Satt. Jem. (etw.) satt haben.

SAU
265. A Sau muß ma ham. (T, 32)
Wa, IV, 16, Sau *261. A Sau haben. (Österreich.)

266. A Sau muß ma ham. (T, 46)
Wa, IV, 16, Sau *261. A Sau haben.

267. I hab a Sau. (T, 60)
Wa, IV, 16, Sau *261. A Sau haben.

SAURES
268. Jib ihm Saures! (H, 136)
Rö, III, 1286, Sauer. Gib ihm saures.

SCHALE
269. Bleib in Schale. (H, 25)
Rö, III, 1298, Schale. (Fein) in Schale sein.

SCHARF
270. Der Kaiser is gar nich so scharf auf die Sache. (H, 139)
Rö, III, 1302, Scharf. Scharf sein auf etw.

SCHAUM
271. Das war nur Schaum auf dem Bier. (T, 77)
Wa, IV, 115, Schaum, 4. Schaum ist kein Bier.

SCHIEBEN
272. Man glaubt zu schieben, und man wird geschoben. (T, 38)
Wa, V, 1703, Schieben *6. Er glaubt, zu schieben, und er wird geschoben. (aus Goethes *Faust*.)

Sprichwörter und Redensarten

SCHIEF
273. Wenn's schief jeht. (H 50)
 Rö, III, 1326, Schief. Etw. geht schief.

SCHIESSEN
274. So schnell wird bei uns nit geschosse! (W, 255)
 Rö, II, 120,1 Preußen. So schnell schießen die Preußen nicht.

SCHLINGE
275. Vielleicht zieh ich doch den Kopf aus der Schlinge. (T, 102)
 Wa, IV, 242, Schlinge *17. Sich aus der Schlinge (Affaire) ziehen.

SCHMIEREN
276. Wer gut schmärt, der gut fährt. (W, 272)
 Wa, IV, 277 Schmieren 23. Wer gut schmiert (schmährt), der gut fährt.

SCHNABEL
277. Halt die Schnäwwel un trinkt. (W, 272)
 Schemann, 720, Schnabel. Den Schnabel halten.

278. Halt eurer boshafte Schnäwwel! (W, 307)
 Rö, III, 1381, Schnauze. Halt die Schnauze!

SCHNAUZE
279. Hier hälste Schnauze. (H, 49)
 Rö, III, 1381, Schnauze. Halt die Schnauze!

280. Halt de Schnüß, alt Muffel. (W, 267)
 Rö, III, 1381, Schnauze. Halt die Schnauze!

SCHÖN

281. Det wär ja nu noch scheener. (H, 35)
Rö, III, 1395, Schön. Das wäre ja noch schöner.

SCHRAUBE
282. Bei uns ist immer eine Schraube los. (T, 70)
Wa, IV, 332, Schraube *4. Bei dem ist auch schon eine Schraube los.

SCHRITT
283. Bei Ihnen merkt man auf Schritt und Tritt. (H, 12)
Rö, III, 1405, Schritt. Jem. auf Schritt und Tritt verfolgen.

SCHULDEN
284. Schulden machen noch fauler. (H, 95)
Wa, IV, 367, Schulden 54. Schulden machen sich bequem, aber das Bezahlen ist unangenehm.

SCHULE
285. Ja, ja, die alte Schule. (H, 114)Rö, III, 1413, Schule. Von der alten Schule sein.

SCHULTER
286. Da kann ja jeder kommen und uns einfach über die Schulter kucken. (H, 17)
Wa, IV, 386, Schulter *23. Einen über die Schulter ansehen.

287. Schulter an Schulter. (H, 65)
Rö, III, 1416, Schulter. Schulter an Schulter stehen.

SCHWAMM
288. Schwamm drüber. (H, 74)
Rö, III, 1429, Schwamm. Schwamm drüber!

289. Schwamm drüber. (T, 68)

Rö, III, 1429, Schwamm. Schwamm drüber.

SCHWARZ
290. Wie steht's da schwarz auf weiß. (H, 14)
Rö, III, 1434, Schwarz. Etw. Schwarz auf weiß haben (besitzen).

SCHWUNG
291. Da is Schwung drin! (H, 57)
Rö, III, 1453, Schwung. In Schwung sein (kommen geraten).

SEELE
292. Ne Seele von Mensch. (H, 74)
Rö, III, 1450, Seele. Eine Seele von Mensch.

SEIN (Verb.)
293. Was jewesen is, is jewesen. (H 73)
Wa, IV, 522, Sein (Verb.) 62. Was sein muß, muß sein.

294. Was nicht ist, kann noch werden. (T, 105)
Wa, IV, 522, Sein (Verb.) 60. Was nicht ist, kann noch werden.

SEINE (das)
295. Ick hab'n preißischen Wahlspruch: suhm kwicke, det heißt uff deitsch: jedem det Seine, mir det mehrste. (H, 47)
Wa, IV, 524, Seine (das) 7. Jedem das seine.

296. Bei uns kommt immer noch jeder zu Seinem. (H, 101)
Wa, IV, 524, Seine (das) 7. Jedem das seine.

SITZEN
297. Det sitzt nu alles wie de eigne Haut. (H, 12)

Wa, IV, 583, Sitzen *114. Es sitzt wie angepasst (angegossen).

SOHLE
298. Ick hab mir schon'n Paar Sohlen kaputtjelofen. (H,21)
Rö, III, 1487, Sohle. Er hat schon manche Sohlen ab- oder durchgelaufen.

SONNTAG
299. Wir haben auch nicht alle Tage Schabbes. (T, 14)
Wa, IV, 628, Sonntag 13. Es ist nicht alle Tage Sonntag. (Kirmes, Feiertag)

SPARREN
300. Der alt is en Narr un hat en Sparre zu viel. (W, 255)
Rö, III, 1495, Sparren. Einen Sparren zu viel haben.

SPASS
301. Du kannst wohl keen Spaß verstehen. (H, 45)
Rö, III, 1495, Spaß. Jem. versteht keinen Spaß.

SPECK
302. Man ran an Speck. (H, 47)
Rö, III, 1498, Speck. Jem. geht ran an den Speck.

303. Na, Schleinitz, ma ran an Speck. (H, 95)
Rö, III, 1498, Speck. Jem. geht ran an den Speck.

304. Geht scharf ran an Speck. (T, 105)
Rö, III, 1498, Speck. Jemand geht ran an den Speck.

SPIELVERDERBER
305. Na, ick will ja kein Spielverderber sein. (H, 144)
Rö, III, 1503, Spielverderber. Ein Spielverderber sein.

SPITZE
306. Die Spitze zu bieten. (T, 33)
 Wa, IV, 727, Spitze *17. Einem die Spitze bieten.
307. Jedenfalls ist... die Spitze abgebrochen. (T, 79)
 Wa, IV, 727, Spitze *15. Die Spitze brechen.

SPRACHE
308. Raus mit der Sprache. (T, 55)
 Wa, IV, 736, Sprache *25. Er will mit der Sprache nicht heraus.

STACHEL
309. Man kann nicht wider den Stachel löcken. (T, 113)
 Wa, IV, 759, Stachel *15. Wider den Stachel lecken.

STALL
310. Er kommt aus nem guten Stall. (T, 44)
 Rö. III, Stall. In einem guten Stall stehen.

STECKENPFERD
311. Sehnsemal, ihr glaubt immer, das is ein Steckenpferd von mir, das is aber kein Steckenpferd, das hab ich genau ausgerechnet. (H, 115)
 Rö, III, 1531, Steckenpferd. Sein (ein) Steckenpferd reiten (haben).

STEHLEN
312. Gestohlen bleiben. (T, 40)
 Rö, III, 1537, Stehlen. Etw. kann einem gestohlen bleiben.

313. Wenn er das bei seine Schiffer lernt, kann mir ganz Holland gestohle bleibe. (W,262)
 Rö, III, 1537, Stehlen. Etw. kann einem gestohlen bleiben.

STEIN
314. Mir fällt en Stein vom Herz! (W, 303)
Rö, III, Stein. Es fällt mir ein Stein vom Herzen.

STICH
315. Du läßt mir nich im Stich, Kalle? (H, 56)
Wa, IV, 846, Stich *46. Einen im Stich lassen.

316. Wenn mich der Wormser im Stich läßt. (H, 76)
Wa, IV, 846, Stich *46. Einen im Stich lassen.

317. Wie können Sie mich nur so im Stich lassen. (H, 77)
Wa, IV, 846, Stich *46. Einen im Stich lassen.

318. Wormser wird mich doch nich im Stich lassen, nich war?
(H, 79)
Wa, IV, 846, Stich *46. Einen im Stich lassen.

319. So wird man im Stich gelassen. (T, 10)
Wa, IV, 846, Stich *46. Einen im Stich lassen.

STRANG
320. Übern Strang hauen. (T, 70)
Wa, IV, 891, Strang *18. Ueber den Strang schlagen.

STREICH
321. Beinah hätt ich mir en böse Streich gespielt. (W, 314)
Rö, III, Streich. Jem. einen Streich spielen.

STRICH
322. Sie wissen, wenn man als Offizier einen Befehl kriegt — es mag einem persönlich sehr wider den Strich gehen — aber dafür ist man Soldat. (H, 128)
Wa, IV, 909, Strich *3. Das geht wider den Strich.

323. Du kannst schon nicht mehr gerade auf'n Strich gehen. (T, 28)
Schemann, 814, Strich. Noch auf dem Strich gehen können.

STÜCK
324. Das wär ja ein starkes Stück. (H, 140)
Rö, III, 1580, Stück. Das ist ein starkes Stück!

SUPPE
325. Sobald es irgendwo eine dicke Suppe gibt — schon meldet er sich. (T, 18)
Küpper, VII, 2793, Suppe. Dicke Suppe. (ernste Gefahr; gefährliches Unternehmen.)

TAG
326. Das hab ich auf me alt Tag noch gelernt. (W, 314)
Rö, III, 1595, Tag. Auf seine alten Tage.

TASCHE
327. Wo man jeden einzelnen wie seine Tasche kennt. (H, 31)
Rö, III, 1601, Tasche. Etw. kennen wie die eigene Tasche.

328. Sie können sie alle in die Tasche stecken. (T, 123)
Rö, III, 1600, Tasche. Einen in die Tasche stecken.

TEUFEL
329. Der arme Teufel. (H, 55)
Rö III, 1617, Teufel. Armer Teufel.

330. Wer auf Erden des Teufels General wurde und ihm die Bahn gebombt hat — der muß ihn auch Quartier in der Hölle machen. (T, 154)
Wa, IV, 1100, Teufel 947. Wer dem Teufel einmal Quartier gibt, hat allezeit die Hölle im Hause.

Wa, IV, 1101, Teufel 973. Wer den Teufel einmal nach Haus geladen hat, kann ihn so bald nicht los werden.

331. Als unser Staat zum Teufel ging. (T, 151)
Wa, IV, 1123, Teufel *1518. Es geht alles zum Teufel.

332. Hol's der Teufel. (W, 256)
Du, 718, Teufel. Hol's der Teufel.

333. Ei hol's der Teufel. (W, 278)
Du, 718, Teufel. Hol's der Teufel.

TIER
334. Denn ich bin auch ein großes Tier! (H, 90)
Schemann, 845, Tier. Ein hoher (großes) Tier sein.

TOD
335. Gegens Letzte is kein Kraut gewachsen. (H, 101)
Wa, IV, 1237-1238, Tod 268. Fur den tode ist kein kraut gewachsen.

TUN
336. Man tut, was man kann. (T, 12)
Wa, IV, 1171, Thun 110. Man thut, was (soviel) man kann.

TÜR
337. Vor seiner eigenen Türe kehren. (T, 112)
Wa, IV, 1191, Thür 34. Jeder kehre vor seiner Thür, so bleibet nirgends ein Dreck dafür.

338. Vor meiner Tür hat sowieso schon die Gestapo gekehrt. (T, 112)
Wa, IV, 1191, Thür 34. Jeder kehre vor seiner Thür, so bleibet nirgends ein Dreck dafür.

VERFLUCHT
339. Verflucht noch mal. (T, 22)
Friederich, 774, verflucht. Verflucht und zugenäht. (od. verflucht noch mal.)

VERLIEREN
340. Erfrorn is erfrorn, verhagelt is verhagelt. (W, 291)
Wa, IV, 1567, Verlieren 39. Verloren ist verloren.

VERRATEN
341. Verraten und verkauft, und kein Ersatz zu kriegen. (T, 10)
Wa, IV, 1575, Verrathen *2. Einen verrathen und verkaufen.
Wa, IV, 1575, Verrathen *5. Man ist verrathen und verkauft.

VOLK
342. Des Volkes Stimme ist auch eine Stimme! (W, 286)
Wa, IV, 1677, Volk 18. Des Volkes Stimme ist Gottes Stimme.

WAHRHEIT
343. Die Wahrheit — sie wird ans Licht kommen. (T, 127)
Wa, IV, 1751, Wahrheit 139. Die Warheyt kompt ye mit der Zeit an den Tag.

WALD
344. Ick seh ja gar keene Heimat nehr, vor lauter Bezirke. (H, 104)
Rö, III, 1690, Wald. Den Wald vor lauter Bäumen nicht sehen. (Variation.)

345. Wie es in den Wald hereinschallt, so schallt's heraus. (W, 272)

Wa, IV, 1769, Wald 47. Wie man in den Wald schreiet,
also schreiet es wider herauss.

WAND

346. Im Krieg wird so einer glatt an die Wand gestellt. (H, 55)
Rö, III, 1693, Wand. Jem. an die Wand stellen.

WARM

347. Da wird einem direkt warm ums Herz. (T, 14)
Rö, III, 1695, Warm. Einem warm werden.

WASCHEN

348. Dann hat sie da eine Mitgift, die sich gewaschen hat. (W, 254)
Rö, III, 1696, Waschen. Das hat sich gewaschen.

WEBFEHLER

349. Du hast wol'n kleenen Webfehler, wat? (H, 35)
Rö, III, 1702, Webfehler. Einen Webfehler haben.

WEG

350. Dem trau ich nicht übern Weg. (H, 23)
Rö, III, 1703, Weg. Einem nicht über den Weg trauen.

351. Der Junge wird seinen Weg machen. (T, 93)
Wa, IV, 1854, Weg *306. Einen Weg machen.

WEIN

352. Ein guter Wein, ein schlechtes Latein! (W, 284)
Wa, V, 99, Wein 320. Guter Wein redet böss Latein.

WEIT

353. Jetzt geht's zu weit! (H, 36)
Rö, III, 1712, Weit. In etw. zu weit gehen.

Sprichwörter und Redensarten

WELT
354. De Welt is jroß, und jeden Morjn jeht de Sonne uff. (H, 43)
Wa, V, 165, Welt 206. Die Welt ist groß.

355. Die Welt nimmt ihren Lauf. (T, 141)
Rö, III, 1715, Welt. Das ist der Lauf der Welt.

356. Die Welt ist kugelrund. (T, 58)
Wa, V, 165, Welt 213. Die Welt ist kugelrund.

WENN
357. Wenn schon — denn schon. (T, 65)
Wa, V, 190, Wenn 17. Wenn schon, denn schon.

WILD
358. Das is alles halb so wild. (H, 73)
Rö, III, 1729, Wild. Das ist (nur) halb so wild.

WIMPER
359. Ohne mit der Wimper zu zucken. (T, 50)
Rö, III, 1731, Wimper. Ohne mit der Wimper zu zucken.

360. Ohne mit der Wimper zu zucken. (T, 51)
Rö, III, 1731, Wimper. Ohne mit der Wimper zu zucken.

361. Ohne mit der Wimper zu zucken. (T, 71)
Rö, III, 1731, Wimper. Ohne mit der Wimper zu zucken.

362. Ohne mit der Wimper zu zucken. (T, 76)
Rö, III, 1731, Wimper. Ohne mit der Wimper zu zucken.

363. Ohne mit der Wimper zu zucken. (T, 78)
Rö, III, 1731, Wimper. Ohne mit der Wimper zu zucken.

364. Ohne mit der Wimper zu zucken. (T, 93)
Rö, III, 1731, Wimper. Ohne mit der Wimper zu zucken.

WIND
365. Wenn's gege de Wind geht! (W, 262)
Du, 806, Wind. Gegen den Wind segeln.

WORT
366. Das is'n Wort. (H, 72)
Wa, V, 431, Wort *799. Das ist ein Wort, so gut wie tausend.

367. Das is e Wort! (H108)
Wa, V, 431, Wort *799. Das ist ein Wort, so gut wie tausend.

WURST
368. Wenn's um die Wurst geht! (H, 78)
Rö, III, 1750, Wurst. Es geht um die Wurst.

ZAHN
369. Beiß die Zähne zusammen. (T, 67)
Rö, III, 1755, Zahn. Die Zähne zusammen beißen.

370. Fühlen Sie ihm auf den Zahn! (T, 142)
Wa, V, 489, Zahn *134. Einem auf den Zahn fühlen.

ZAPFENSTREICH
371. Et hat schon längst Zapfenstreich jeblasen. (H, 52)
Rö, III, 1759, Zapfenstreich. Den Zapfenstreich schlagen (blasen).

ZAUNKÖNIG
372. Dagegen bin ich ein müder Zaunkönig. (T, 155)
Wa, V, 513, Zaunkönig, *2. Ein Zaunkönig sein.

Sprichwörter und Redensarten

ZEIT
373. Fast wie in der guten alten Zeit. (T, 11)
Rö, III, 1764, Zeit. Die gute alte Zeit.

374. Aus der gute alte Zeit. (T, 28)
Rö, III, 1764, Zeit. Die gute alte Zeit.

375. Glaube Sie, mir hätte unser Zeit gestohle? (W, 314)
Rö, III, 1764, Zeit. Einem die Zeit stehlen.

ZEUG
376. Sie haben das Zeug dazu. (T, 122)
Wa, V, 568, Zeug *33. Er hat's Zeug nicht dazu.

ZICKE
377. Aber da gibt's keine Zicken. (T, 42)
Rö, III, 1771, Zicke. Zicken machen.

ZUG
378. Den Zug hab ich verpaßt. (H, 39)
Wa, V, 620, Zug *13. Die hat den Zug verpasst.

Anmerkungen

[1] Arnold Bauer, *Carl Zuckmayer* (Berlin: Otto Hess, 1970), 19.

[2] Bauer, 19.

[3] Günther Rühle, "Wohin mit diesen Stücken? Zuckmayers Deutsche Trilogie," in Gunter Nickel, (Hrsg.), *Zuckmayer-Jahrbuch*, Band 1 (St. Ingbert: Röhrig, 1998), 150.

[4] Vgl. die Beschreibung von Alice Herdan Zuckmayer, *Die Farm in den grünen Bergen* (Frankfurt Am Main: Fischer, 1956).

[5] Martin Greiner, "Carl Zuckmayer als Volksdichter," in *Hessische Blätter für Volkskunde*, 49-50 (1958-1959), 39-40.

[6] Hagen Schulze, *Kleine Deutsche Geschichte* (München: Deutscher Taschenbuch Verlag, 1996), 149.

[7] Rühle, 155.

[8] Greiner, 31.

[9] Greiner, 32.

[10] Wolfgang Mieder, "Carl Zuckmayer und die Volkssprache: Zu seinem 80. Geburtstag," in Wolfgang Mieder, *Sprichwort, Redensart, Zitat: Tradierte Formelsprache in der Moderne* (Bern: Peter Lang, 1985), 15.

[11] Zitiert aus Wolfgang Mettenberger, "Das Volksstück Carl Zuckmayers - eine Untersuchung über Wesen und Wirkung seines Werkes," in *Blätter der Carl Zuckmayer Gesellschaft*, 13 (1992), 38.

[12] Carl Zuckmayer, *Als wär's ein Stück von mir: Horen der Freundschaft* (Frankfurt: Fischer Verlag, 1966), 466.

[13] Carl Zuckmayer, *Der Fröhliche Weinberg* (Frankfurt am Main: Fischer, 1995), 331-332.

[14] Zuckmayer, *Als wär's ein Stück von mir*, 487.

[15] Joachim Hintze, "Volkstümliche Elemente im modernen deutschen Drama," in *Hessische Blätter für Volkskunde*, 61 (1970), 13.

[16] Hintze, 14.

[17] Hintze, 14.

[18] Erwin Rotermund, "Zur Erneuerung des Volksstückes in der Weimarer Republik," in Dieter Harmening, Gerhard Lutz, Bernhard Schemmel und Erich Wimmer (Hrsg.), *Volkskultur und Geschichte: Festgabe für Josef Dunninger zum 65. Geburtstag* (Berlin: Erich Schmidt, 1970), 616.

[19] Rotermund, 618.

[20] Zuckmayer, *Als wär's ein Stück von mir*, 466.

[21] Jürgen Hein, "Zuckmayer - *Der Hauptmann von Köpenick*," in Walter Hinck (Hrsg.), *Die deutsche Komödie - Vom Mittelalter bis zur Gegenwart* (Düsseldorf: August Bagel, 1977), 269-286.

[22] Thomas Ayck, *Carl Zuckmayer in Selbstzeugnissen und Bilddokumenten* (Reinbek: Rowohlt, 1977), 91.

[23] Mieder, "Carl Zuckmayer und die Volkssprache," 15.

[24] Hein, 280.

[25] Zitiert aus Ayck, 92.

[26] Hagen Schulze, *Kleine Deutsche Geschichte mit Grafiken, Karten und Zeittafel* (München: Deutscher Taschenbuch Verlag, 1998), 116.

[27] Hein, 269.

[28] E. Speidel, "The Stage as Metaphysical Institution: Zuckmayer's Dramas 'Schinderhannes' and 'Der Hauptmann von Köpenick'," *Modern Language Review*, 63 (1968), 431.

[29] Vgl. dazu Wolfgang Mieder, "Morgenstunde hat Gold im Munde": *Studien und Belege zum populärsten deutschsprachigen Sprichwort* (Wien: Edition Praesens, 1997); und Wolfgang Mieder (Hrsg.), *Verdrehte Weisheiten: Antisprichwörter aus Literatur und Medien* (Wiesbaden: Quelle und Meyer, 1998).

[30] Speidel, 438.

[31] Charles Hoffmann, "Zuckmayer's *Hauptmann von Köpenick*: Of Laughter, Uniforms and the Basement," *Philological Papers*, 29 (1983), 48.

[32] Anthony Grenville, "The Politics of 'Der Hauptmann von Köpenick'," *Modern Language Review*, 91 (1996), 638.

[33] Speidel, 435.

[34] Hoffmann, 49.

[35] Hoffmann, 46.

[36] Zuckmayer, *Als wär's ein Stück von mir*, 513-514.

[37] Mieder, "Carl Zuckmayer und die Volkssprache," 19.

[38] Manfred Brauneck, *Das deutsche Drama vom Expressionismus bis zur Gegenwart* (Bamberg: C.C. Buchners Verlag, 1972), 110.

[39] Anthony Waine, "Carl Zuckmayer's The Devil's General and the Cult of Masculinity," *Forum for Modern Language Studies*, 29 (1993), 258.

[40] Zitiert aus Roy C. Cowen, "Type-Casting in Carl Zuckmayer's The Devil's General," *University of Dayton Review*, 13 (1978), 81.

[41] Ayck, 115.

[42] Arnold John Jacobius, *Motive und Dramaturgie im Schauspiel Carl Zuckmayers* (Frankfurt am Main: Athenäum, 1971), 2.

[43] Marianne Kesting, "Vom Volksstück zur Kolportage," in Marianne Kesting, *Panorama des zeitgenössischen Theaters: 50 literarische Porträts* (München: Piper, 1962), 231.

[44] Volker Wehdeking, "Mythologisches Ungewitter: Carl Zuckmayers problematisches Exildrama *Des Teufels General*," in Manfred Durzack, Hrsg., *Die deutsche Exilliteratur 1933-1945* (Stuttgart: Reclam, 1973), 509.

[45] Zitiert aus Wehdeking, 509.

[46] Ayck, 117.

[47] Luise Rinser, "Porträtskizze," in Johannes Weisbecker (Hrsg.), *Fülle der Zeit* (Frankfurt am Main: S. Fischer Verlag, 1956), 13.

[48] Rinser, 21.

[49] Rinser, 21.

Anmerkungen 163

[50]Diese Einteilung dient als Überblick und soll auf keine Bewertungen der einzelnen Gruppen hindeuten. Die Reihenfolge ist von der Bedeutung her unwichtig; die ersten zwei Kategorien werden zuerst besprochen, um die entgegengesetzten Pole der Gesellschaft darzustellen. Die letzte Kategorie behandelt die Hauptfiguren des Dramas. In dieser Kategorie sind die Sprichwörter und Redensarten vorhanden, die am auffälligsten sind und dem Drama Ausdruckskraft schenken. Es ist diese Kategorie, auf die ich mich hauptsächlich konzentrieren werde.

[51]Für dieses Kapitel wurde die folgende Ausgabe des Dramas verwendet: Carl Zuckmayer, *Des Teufels General* (Frankfurt am Main: Fischer, 1973). Die Zitate werden mit der Seitenzahl dieser Ausgabe angegeben.

[52]Cowen, 85.

[53]Wehdeking, 509.

[54]Cowen, 85.

[55]Henry Glade, "Carl Zuckmayer's *The Devil's General* as Autobiography," *Modern Drama*, 9 (1966), 61.

[56]Wehdeking, 514.

[57]Cowen, 92.

[58]Cowen, 85.

[59]Wolf Benicke, "Carl Zuckmayer: *Des Teufels General*: Eine grundsätzliche Betrachtung, wie und wieweit Spielfilme in die Dramalektüre sinnvoll einbezogen werden können," *Der Deutschunterricht: Beiträge zu seiner Praxis und wissenschaftlichen Grundlegung*, 12.6 (1960), 40.

[60] Cowen, 87.

[61] Wehdeking, 510.

[62] Haskell M. Block and Robert G. Shedd (Hrsg.), *Masters of Modern Drama* (New York: Random House, 1962), 910.

[63] Die folgenden Hitler Zitate wurden aus folgendem Aufsatz entnommen: Wolfgang Mieder, "'...als ob ich Herr der Lage würde': Zur Sprichwortmanipulation in Adolf Hitlers *Mein Kampf*," in Wolfgang Mieder, *Deutsche Redensarten, Sprichwörter und Zitate: Studien zu ihrer Herkunft, Überlieferung und Verwendung* (Wien: Edition Praesens, 1995), 183-208.

[64] Friedrich Schiller, "Das Lied von der Glocke," in Friedrich Schiller, *Gedichte* (Stuttgart: Reclam, 1952), 86.

[65] Schiller, 88, Zeilen 106-120.

[66] Schiller, 89-90, Zeilen 155-168.

[67] Schiller, 91, Zeilen 221-226.

[68] Schiller, 95-96, Zeilen 376-381.

[69] Mieder, "Zur Sprichwortmanipulation in Adolf Hitlers *Mein Kampf*," 201.

[70] Hitler, zitiert aus Mieder, "Zur Sprichwortmanipulation in Adolf Hitlers *Mein Kampf*," 201.

[71] Ayck, 121.

[72] Hans Geiger, *Widerstand und Mitschuld: Zum deutschen Drama von Brecht bis Weiss* (Düsseldorf: Bertelsmann, 1973), 42.

Literaturverzeichnis

Ayck, Thomas. *Carl Zuckmayer in Selbstzeugnissen und Bilddokumenten.* Reinbek: Rowohlt Taschenbuch Verlag, 1977.

Balinkin, Ausma. *The Central Women Figures in Carl Zuckmayer's Dramas.* Bern: Peter Lang, 1978.

Bauer, Arnold. *Carl Zuckmayer.* Berlin: Otto Hess, 1970.

Benicke, Wolf. "Carl Zuckmayer: *Des Teufels General*: Eine grundsätzliche Betrachtung, wie und wieweit Spielfilme in die Dramalektüre sinnvoll einbezogen werden können." *Der Deutschunterricht: Beiträge zu seiner Praxis und wissenschaftlichen Grundlegung,* 12. 6 (1960): 36-43.

Brauneck, Manfred (Hrsg.). *Das deutsche Drama vom Expressionismus bis zur Gegenwart.* Bamberg: C.C. Buchners Verlag, 1972.

Brunvand, Jan, Harold (Hrsg.). *American Folklore: An Encyclopedia.* New York: Garland Publishing, 1996.

Büchmann, Georg. *Der neue Büchmann: Geflügelte Worte,* hrsg. von Eberhard Urban. Niedernhausen: Bassermann, 1994.

Cowen, Roy C. "Type-Casting in Carl Zuckmayer's *The Devil's General.*" *University of Dayton Review,* 13 (1976): 81-94.

Drosdowski, Günther und Scholze-Stubenrecht, Werner (Hrsg.). *Duden, Redewendungen und sprichwörtliche Redensarten.* Mannheim: Dudenverlag, 1998.

Friederich, Wolf. *Moderne deutsche Idiomatik: Systematisches Wörterbuch mit Definitionen und Beispielen.* München: Max Hueber Verlag, 1966.

Geiger, Hans. *Widerstand und Mitschuld: Zum deutschen Drama von Brecht bis Weiss.* Düsseldorf: Bertelsmann, 1973.

Glade, Henry. "Carl Zuckmayer's *The Devil's General* as Autobiography." *Modern Drama,* 9 (1966): 54-61.

Glade, Henry. "Der Gesang im Feuerofen: Quintessential Zuckmayer." In Karl S. Weimar (Hrsg.). *Views and Reviews of German Literature. Festschrift für Adolf D. Klarmann.* München: Delp, 1974. 163-170.

Grange, William. *Partnership in the German Theater: Zuckmayer and Hilpert, 1925-1961.* New York: Peter Lang, 1991.

Greiner, Martin. "Carl Zuckmayer als Volksdichter." *Hessische Blätter für Volkskunde,* 49/50 (1958): 28-33. Gekürzte Version in Jürgen Hein (Hrsg.). *Theater und Gesellschaft: Das Volksstück im 19. und 20. Jahrhundert.* Düsseldorf: Bertelsmann, 1973. 161-173.

Grenville, Anthony. "The Politics of *Der Hauptmann von Köpenick.*" *Modern Language Review*, 91 (1996): 635-646.

Grimm, Reinhold. "Harras in Dallas." *Das Brecht-Jahrbuch,* ohne Bandzahl (1980): 201-205.

Hansen, Thomas S. "'Trost im Wort': Language in Exile and Mission of Poets." *Michigan Germanic Studies*, 7 (1981): 262-273.

Literaturverzeichnis

Hein, Jürgen. "Zuckmayer – *Der Hauptmann von Köpenick*," in Walter Hinck (Hrsg.). *Die deutsche Komödie – vom Mittelalter bis zur Gegenwart*. Düsseldorf: August Bagel, 1977. 269-286.

Hintze, Joachim. "Volkstümliche Elemente im modernen deutschen Drama." *Hessische Blätter für Volkskunde*, 61 (1970): 11-43.

Hoffman, Charles. "Zuckmayer's *Hauptmann von Köpenick*: Of Laughter, Uniforms and the Basement." *Philological Papers*, 29 (1983): 46-50.

Jacobius, Arnold John. *Motive und Dramaturgie im Schauspiel Carl Zuckmayers: Versuch einer Deutung im Rahmen des zwischen 1920 und 1955 entstandenen Gesamtwerkes*. Frankfurt am Main: Athenäum Verlag, 1971.

Keller, Bernhard. "Die Auseinandersetzung mit dem Nationalsozialismus im Drama: Vergleichende Analyse von Zuckmayers *Des Teufels General* und Brechts *Arturo Ui*." *Sammlung: Jahrbuch für antifaschistische Literatur und Kunst*, 1 (1978): 147-158.

Kesting, Marianne. "Carl Zuckmayer- Zwischen Volksstück und Kolportage." In Marianne Kesting, *Panorama des zeitgenössischen Theaters*. München: Piper, 1962. 278-283.

Killy, Walther (Hrsg.). *Literatur-Lexikon: Autoren und Werke deutscher Sprache*. Gütersloh: Bertelsmann, 1992. Bd. 2, 526-528.

Küpper, Heinz. *Illustriertes Lexikon der deutschen Umgangssprache*. 8 Bde. Stuttgart: Ernst Klett, 1982-1984.

Lange, Rudolf. *Carl Zuckmayer.* Hannover: Friedrich Verlag Velber, 1973.

Lüder, Werner. *Carl Zuckmayers antifaschistisches Drama "Des Teufels General" - Das Werk im Kontext des Gesamtschaffens des Autors und seine Wirkung als Modellfall von Rezeptionsbesonderheiten in Nachkriegsdeutschland.* Berlin: Humboldt Uni-versität, 1987.

Melchinger, Siegfried, "Wenn es Carl Zuckmayer nicht gäbe." In Johannes Weisbecker (Hrsg.). *Fülle der Zeit: Carl Zuckmayer und sein Werk.* Frankfurt am Main: S. Fischer Verlag, 1956, 76-80.

Mettenberger, Wolfgang. "Das Volksstück Carl Zuckmayers: Eine Untersuchung über Wesen und Wirkung seines Werkes." *Blätter der Carl Zuckmayer Gesellschaft,* 13(1992): 36-52.

Mews, Siegfried. *Carl Zuckmayer.* Boston: Twayne Publishers, 1981.

Mieder, Wolfgang. *Deutsche Sprichwörter in Literatur, Politik, Presse und Werbung.* Hamburg: Burke, 1983.

Mieder, Wolfgang. *Sprichwort, Redensart, Zitat. Tradierte Formelsprache in der Moderne.* Bern: Peter Lang, 1985.

Mieder, Wolfgang (Hrsg.). *"Kommt Zeit- Kommt Rat!?" Moderne Sprichwortgedichte von Erich Fried bis Ulla Hahn.* Frankfurt am Main: R.G. Fischer, 1990.

Mieder, Wolfgang (Hrsg.). *"Deutsch reden." Moderne Redensartengedichte von Rosa Ausländer bis Yaak Karsunke.* Frankfurt am Main: R.G. Fischer, 1992.

Mieder, Wolfgang. *Deutsche Redensarten, Sprichwörter und Zitate. Studien zu ihrer Herkunft, Überlieferung und Verwendung.* Wien: Edition Praesens, 1995.

Mieder, Wolfgang. "Proverbial Manipulation in Adolf Hitler's *Mein Kampf.*" *International Folklore Review,* 10 (1995): 35-53.

Mieder, Wolfgang. *Morgenstunde hat Gold im Munde: Studien und Belege zum populärsten deutschsprachigen Sprichwort.* Wien: Edition Praesens, 1997.

Nickel, Gunther (Hrsg.). *Zuckmayer-Jahrbuch,* Band 1. St. Ingbert: Röhrig, 1998.

Nickel, Gunther (Hrsg.). *Zuckmayer-Jahrbuch,* Band 2. St. Ingbert: Röhrig, 1999.

Poser, H. "Komödie als Volksstück: Zuckmayer, Horváth, Brecht." *Neophilologus,* 62 (1978): 584-597.

Röhrich, Lutz. *Das große Lexikon der sprichwörtlichen Redensarten.* 3 Bde. Freiburg: Herder, 1991-1992.

Röhrich, Lutz und Wolfgang Mieder. *Sprichwort.* Stuttgart: J.B. Metzlersche Verlagsbuchhandlung, 1977.

Rotermund, Erwin. "Zur Erneuerung des Volksstückes in der Weimarer Republik." In Dieter Harmening, Gerhard Lutz, Bernhard Schemmel und Erich Wimmer (Hrsg.). *Volkskultur und Geschichte: Festgabe für Josef Dunninger zum 65. Geburtstag.* Berlin: Erich Schmidt, 1970. 612-33.

Rupp, Gerhard. "Zweiter Weltkrieg im Drama: Literarhistorischer Kontext und schulische Lebenswelt am Beispiel von Wolfgang Borchert, Günther Weisenborn und Carl Zuckmayer." In

Harro Müller-Michaels (Hrsg.). *Deutsche Dramen: Interpretationen zu Werken von der Aufklärung bis zur Gegenwart: Von Hauptmann bis Botho Strauss*. Königstein: Athenäum, 1981. Bd. 2, 85-111.

Schemann, Hans. *Deutsche Idiomatik: Die deutschen Redewendungen im Kontext*. Stuttgart: Ernst Klett, 1993.

Schulze, Hagen. *Kleine deutsche Geschichte*. München: Deutscher Taschenbuch Verlag, 1996.

Speidel, E. "The Stage as Metaphysical Institution: Zuckmayer's Dramas *Schinderhannes* and *Der Hauptmann von Köpenick*." *Modern Language Review*, 63 (1968): 425-436.

Taylor, Archer. *The Proverb and an Index to "The Proverb."* Cambridge, Mass.: Harvard University Press, 1931. Nachdruck mit einer Einleitung und Bibliographie von Wolfgang Mieder. Bern: Peter Lang, 1985.

Wagener, Hans. *Carl Zuckmayer Criticism: Tracing Endangered Fame*. Columbia, South Carolina: Camden House, 1995.

Waine, Anthony. "Carl Zuckmayer's *Des Teufels General* as a Critique of the Cult of Masculinity." *Forum for Modern Language Studies*, 29 (1993): 257-270.

Wander, Karl Friedrich Wilhelm. *Deutsches Sprichwörter-Lexikon*, 5 Bde. Leipzig: F.A. Brockhaus, 1867-1880; Nachdruck Darmstadt: Wissenschaftliche Buchgesellschaft, 1964.

Wehdeking, Volker. "Mythologisches Ungewitter: Carl Zuckmayers problematisches Exildrama *Des Teufels General*." In Manfred Durzak (Hrsg.). *Die deutsche Exilliteratur 1933-1945*. Stuttgart: Reclam, 1973. 509-519.

Mieder, Wolfgang. *Deutsche Redensarten, Sprichwörter und Zitate. Studien zu ihrer Herkunft, Überlieferung und Verwendung.* Wien: Edition Praesens, 1995.

Mieder, Wolfgang. "Proverbial Manipulation in Adolf Hitler's *Mein Kampf.*" *International Folklore Review,* 10 (1995): 35-53.

Mieder, Wolfgang. *Morgenstunde hat Gold im Munde: Studien und Belege zum populärsten deutschsprachigen Sprichwort.* Wien: Edition Praesens, 1997.

Nickel, Gunther (Hrsg.). *Zuckmayer-Jahrbuch,* Band 1. St. Ingbert: Röhrig, 1998.

Nickel, Gunther (Hrsg.). *Zuckmayer-Jahrbuch,* Band 2. St. Ingbert: Röhrig, 1999.

Poser, H. "Komödie als Volksstück: Zuckmayer, Horváth, Brecht." *Neophilologus,* 62 (1978): 584-597.

Röhrich, Lutz. *Das große Lexikon der sprichwörtlichen Redensarten.* 3 Bde. Freiburg: Herder, 1991-1992.

Röhrich, Lutz und Wolfgang Mieder. *Sprichwort.* Stuttgart: J.B. Metzlersche Verlagsbuchhandlung, 1977.

Rotermund, Erwin. "Zur Erneuerung des Volksstückes in der Weimarer Republik." In Dieter Harmening, Gerhard Lutz, Bernhard Schemmel und Erich Wimmer (Hrsg.). *Volkskultur und Geschichte: Festgabe für Josef Dunninger zum 65. Geburtstag.* Berlin: Erich Schmidt, 1970. 612-33.

Rupp, Gerhard. "Zweiter Weltkrieg im Drama: Literarhistorischer Kontext und schulische Lebenswelt am Beispiel von Wolfgang Borchert, Günther Weisenborn und Carl Zuckmayer." In

Harro Müller-Michaels (Hrsg.). *Deutsche Dramen: Interpretationen zu Werken von der Aufklärung bis zur Gegenwart: Von Hauptmann bis Botho Strauss.* Königstein: Athenäum, 1981. Bd. 2, 85-111.

Schemann, Hans. *Deutsche Idiomatik: Die deutschen Redewendungen im Kontext.* Stuttgart: Ernst Klett, 1993.

Schulze, Hagen. *Kleine deutsche Geschichte.* München: Deutscher Taschenbuch Verlag, 1996.

Speidel, E. "The Stage as Metaphysical Institution: Zuckmayer's Dramas *Schinderhannes* and *Der Hauptmann von Köpenick.*" *Modern Language Review*, 63 (1968): 425-436.

Taylor, Archer. *The Proverb and an Index to "The Proverb."* Cambridge, Mass.: Harvard University Press, 1931. Nachdruck mit einer Einleitung und Bibliographie von Wolfgang Mieder. Bern: Peter Lang, 1985.

Wagener, Hans. *Carl Zuckmayer Criticism: Tracing Endangered Fame.* Columbia, South Carolina: Camden House, 1995.

Waine, Anthony. "Carl Zuckmayer's *Des Teufels General* as a Critique of the Cult of Masculinity." *Forum for Modern Language Studies,* 29 (1993): 257-270.

Wander, Karl Friedrich Wilhelm. *Deutsches Sprichwörter-Lexikon*, 5 Bde. Leipzig: F.A. Brockhaus, 1867-1880; Nachdruck Darmstadt: Wissenschaftliche Buchgesellschaft, 1964.

Wehdeking, Volker. "Mythologisches Ungewitter: Carl Zuckmayers problematisches Exildrama *Des Teufels General.*" In Manfred Durzak (Hrsg.). *Die deutsche Exilliteratur 1933-1945.* Stuttgart: Reclam, 1973. 509-519.

Literaturverzeichnis

Zuckmayer, Carl. *"Der fröhliche Weinberg": Theaterstücke 1917-1925.* Frankfurt am Main: Fischer Taschenbuch Verlag, 1995.

Zuckmayer, Carl. *"Der Hauptmann von Köpenick": Theaterstücke 1929-1937.* Frankfurt am Main: Fischer Taschenbuch Verlag, 1995.

Zuckmayer, Carl. *Des Teufels General: Drama in drei Akten.* Frankfurt am Main: Fischer Taschenbuch Verlag, 1973.

Zuckmayer, Carl. *Als wär's ein Stück von mir.* Frankfurt am Main: Fischer Taschenbuch Verlag, 1969.

OHIO UNIVERSITY LIBRARY

Please return this book as soon as you have finished with it. In order to avoid a fine it must be returned by the latest date stamped below. All books are subject to recall after two weeks or immediately if needed for reserve.

PT2653.U33 Z85 2001x
Pritchard, Ilka Maria
"Des Volkes Stimme ist auch eine Stimme" : zur Sprichwortlichkeit in Carl Zuckmayers Dramen